麦读
MyRead

A Citizen's Guide

IMPEACHMENT

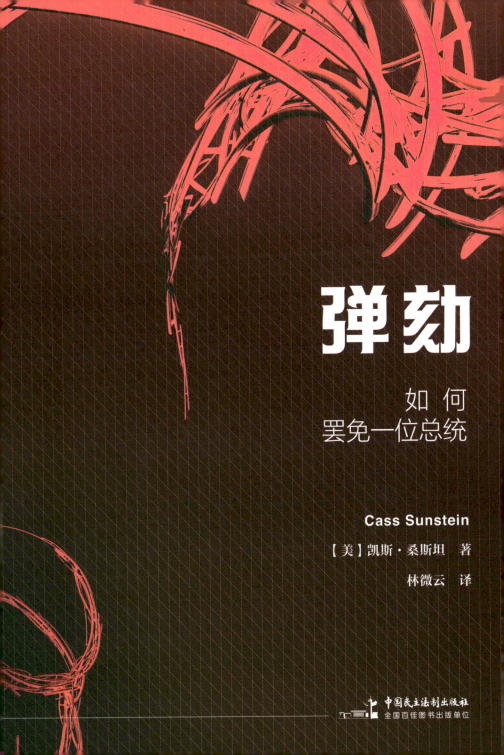

弹劾

如 何
罢免一位总统

Cass Sunstein

【美】凯斯·桑斯坦 著

林微云 译

中国民主法制出版社
全国百佳图书出版单位

目　录

第一章

庄严与神秘

这是个古老的故事，甚至可能是真的。当美国新宪法的制宪者们在费城讨论几个月后，宣布终于达成共识时，一位鲍威尔夫人向受人尊敬的、时年 81 岁的本杰明·富兰克林（Benjamin Franklin）喊道："富兰克林博士，你们为我们设立了什么？——君主制还是共和制？"他回答说："共和制，如果你们能坚守得住的话。"[1]

仅三言两语，富兰克林就转移了问题的重点。当然，他没拒绝回答，他说的是"共和制"而非君主制。但在他看来，问题不在于伟大卓越的制宪者们为美国人民创设了什么。宪法不是礼物，关键在于"我们人民"（We the People）① 对制宪者设计的制度能**做**些什么。

美国历史上最重要的角色，真正的主人公，无论过去和现在都是"你们"。你们的任务就是坚守。你们要坚守的是共和制，是经

---

① "We the people"一词，源自于美国联邦宪法序言的开头语。"我们人民"也因此被认为是国家的主体，成为美国人心目中的神圣信条（本书脚注皆为译者注）。

过美国独立革命浴血拼搏所建立的共和制，它与北美十三州所反对的君主制相反，那是由无法被解职、可能会成为暴君的国王所统治的。《独立宣言》宣称："当今大不列颠国王的历史，就是反复伤人和篡权的历史，他所有的行为，直接目标，都指向在这些邦里建立独裁暴政。"①

要是早几十年，富兰克林讲的这些话可是大逆不道的。但他抓住了他所在时代的精神。亚历山大·汉密尔顿（Alexander Hamilton）在《联邦论》（*The Federalist Papers*）第一篇文章中为美国宪法辩护，当时整个国家在是否批准美国宪法上存在严重分歧。汉密尔顿的话听起来跟富兰克林很像，但更为沉重：

> 人的社会，是否真的通过反思和选择，建立良好政府？还是命中注定，要依赖机遇和暴力，建立政治制度？人们反复指出，这个重大问题，看来，是留给这个国家的人民，要他们采取行动，树立榜样。若果真如此，我们当前所处的危机之际，恰是解决这个问题之时；由此观之，倘若我们选错了要扮的角色，理当视为人类普遍的不幸。²

富兰克林、汉密尔顿和他们的同事们对弹劾有很多想法。在他

---

① 本书中有关《独立宣言》《联邦论》《美利坚合众国宪法》及制宪会议辩论记录的引文翻译，均参考了《联邦论：美国宪法述评》（［美］亚历山大·汉密尔顿著，尹宣译，译林出版社，2016 年）和《辩论：美国制宪会议记录》（［美］詹姆斯·麦迪逊著，尹宣译，译林出版社，2016 年），译文略有改动，不再一一注明。在此向译者尹宣先生致敬。

们看来，弹劾的权力对"通过反思和选择来建立一个良好政府"至关重要。没有弹劾的权力，"我们人民"可能首先会拒绝认可宪法。弹劾权居于国父一代复杂且宏伟的成果的核心，旨在平衡共和主义者恪守自由、平等和自治的明确承诺，以及对通过强大有力的国家政府进行自治的信念。他们以宪法的多样性特征实现了这种平衡，包括总统四年任期制、选举管理、权力分立制度和个人权利体系。讽刺的是，弹劾在 1787 年被视为权力平衡的一个重要组成部分，现在却很少被"这个国家的人民"所理解。

想一下时任国会议员、后来的美国总统杰拉尔德·福特（Gerald Ford）在 1970 年的声明，即一个可弹劾的罪行"无论众议院的大多数人是否"相信它，都是"历史上的特定时刻"。[3] 再想一下当时众议院少数党领袖兼众议院议长南希·佩洛西（Nancy Pelosi）在 2017 年的主张，即除非总统违反法律，否则他不可被弹劾。[4] 正如我们所见，福特和佩洛西都完全错了。他们的主张嘲弄了宪法制度设计。这些观点也都是反共和主义的。

在美国历史上，曾对三位总统启动过弹劾程序：安德鲁·约翰逊（Andrew Johnson）、理查德·尼克松（Richard Nixon）和比尔·克林顿（Bill Clinton）。对尼克松总统进行弹劾时，我只有十几岁。在某种程度上说，争论令人欢欣鼓舞。"我们人民"起来反对一位明显酿成大错的总统。但由于我喜欢尼克松总统，而且不喜欢民主党人，所以我很伤心。我被全国性的辩论所吸引，很想知道：人们是因为讨厌尼克松和他的政策而弹劾他？还是因为他确实做了一些大错特错的事情？

像数百万美国人一样，我也想知道：弹劾到底是什么？这个词很生僻，看起来像是属于过往时代的遗物。20世纪70年代的美国（和尼克松总统本人）领教了一堂难忘的公民教育课，但我不太确定，对于这两个问题，我们是否得到了全面的解答。

几年后，我决定去读法学院，不能说自己完全是受尼克松弹劾案的激发，但它肯定激起了我对宪法制度的兴趣。像法学院的许多其他同学一样，我相信有些课程会关注尼克松辞职引起的有趣问题。其中最重要的是：制宪者们设计弹劾条款的用意何在？什么是"重罪和严重行为不端"（high crime and misdemeanors）①？但却没有哪门课在弹劾问题上花费超过一分钟的时间。似乎整个弹劾议题都是无关紧要的——就像一块历史垃圾，不过是宪法真正问题中微不足道的脚注。当然，我们会讨论总统的权力、他何时可以发动战争、哪些方面他可以自行其是、他何时需要国会的授权，以及法院如何控制他。

但如果他搞砸了，或闯了大祸，怎么罢免他呢？

在20世纪80年代，作为一位年轻法学教授，我与人合著了一本宪法案例集，这本书内容翔实，被认为是非常全面的大部头书籍，有1500多页。在第一版的初稿中，没有任何关于弹劾的内容——别

---

① "high crime and misdemeanors"源于英国普通法，含义非常模糊，在美国法律理论界和实务界也有很多讨论。其中文翻译也有不同译法，"high"即可以表示"严重"，也有"高级"的意思，"misdemeanor"也有"轻罪"和"行为不端"等不同含义。美国法学界一般认为，美国宪法弹劾条款所规定的"high crime"，是通过宣誓就职而获得某些特殊职位的人才能触犯的。本书将"high crime and misdemeanors"统一译为"重罪和严重行为不端"。

说一页纸，甚至连一个段落都没有。我本人对该书的那一部分负责，所以疏忽的责任在我。为了表示重视，我添加了简短的讨论，大约有两页纸，只囊括了基础性的知识。在我的课堂上，我也没在弹劾问题上花时间，弹劾似乎与学生将来职业生涯中要做的事情非常遥远。

20世纪90年代，当弹劾克林顿的程序提速时，法学教授的观点突然走俏了。报纸、广播电台、国会，甚至是白宫都给我们这些法学教授打来了电话。如今，弹劾尼克松的争议已经成为古老的历史，对于那些记得尼克松所作所为的人来说，克林顿总统的行为似乎没那么糟糕。但他可能发了假誓，妨碍了司法公正，从而犯下了真正的罪行。最重要的是，人们想知道该案是否符合弹劾的宪法标准。

我并不是这个复杂法律问题的专家，于是决定临时报佛脚。我阅读了所有与该问题有关的新旧书籍和第一手资料，包括制宪会议的辩论记录。而且，因为有太多东西需要学习，这个问题也让人如痴如醉，仿佛是一把未用过的、可以解锁整个共和国的钥匙，我废寝忘食地研究着这个问题。

让我惊讶的是，命运曲折离奇，最终我成了克林顿总统弹劾程序的积极参与者。我在国会里就"重罪和严重行为不端"进行阐述，与许多国会议员私下会面（我想差不多有几十个议员），在电台和电视台上露脸。我在白宫待了一小段时间，独立进行工作，同时也与总统的法律团队相协商，与他们的步伐基本上保持一致。但当一位总统顾问差不多是以命令的口气让我在报纸上写一篇特定主题的专栏文章时, 我差点拂袖而去。直接听命于白宫的想法在我看来与腐败无异。

克林顿弹劾案所引起的全国性关注一点都不弱于尼克松案的争议。宪法标准的含义以及 "重罪和严重行为不端" 这个含义不明的用语成为了大家讨论的话题。而与此同时, 大多数全民讨论都集中在其他方面——总统是否是个糟糕的人? 他是怎么明目张胆做出那些事情的? 毫无疑问, 弹劾克林顿总统是基于政治动机; 对于他的政敌来说, 整个弹劾过程似乎令人振奋, 非常刺激, 是他们人生中的高光时刻 (尼克松弹劾案亦如此)。克林顿与莫妮卡·莱温斯基 (Monica Lewinsky) 的关系以及他是否曾为此撒谎的全国辩论之无足轻重, 与本杰明·富兰克林话语的深远意义及他和他的同事们在费城想方设法创设之物形成了鲜明的对比。而克林顿总统弹劾案仅过了几年, 真正的争议, 无论是大是小, 都开始被某种迷雾笼罩住了。

真遗憾啊! 本书主要的目标是试图消除这层迷雾, 并在这个过程中重新找回我们国家的初心和梦想。但最终激励我去探寻此问题的还是一些更私人的事情。

戎装的农夫们

几个月前, 我从纽约搬到了马萨诸塞州。我和妻子选择住在康科德 (Concord), 尽管我们并不在那里工作。这不是最实用的决定, 但也算有些道理。康科德是个美不胜收的地方, 而且历史悠久。这里是 1775 年 4 月 19 日美国独立战争开始的地方, 当时大约有 700

名英国士兵得到了他们自以为绝密的命令——摧毁康科德殖民地的军事物资。这里是保罗·列维尔（Paul Revere）骑马夜行之地①，有几十人战死，几十人身受重伤，这里也是我们国家的诞生之地。

知道"惊世一击"（the shot heard 'round the world）这句话吗？如果你在一年前问我，我会充满自信地说，它是指1951年巴比·汤姆森（Bobby Thomson）那一记制胜的、为纽约巨人队赢得冠军的本垒打。但这个答案错了。

这句话比那记本垒打要古老得多。下面这首诗是《康科德颂》（*Concord Hymn*），由1836年出生在康科德的拉尔夫·沃尔多·爱默生（Ralph Waldo Emerson）所作，是纪念康科德战役的不朽之作。你可能会关注第四行（不过我承认，真正打动我的是第三行）：

> 河上那座简陋的木桥旁，
> 旗帜曾翻卷着四月的风。
> 农夫们在这里换上戎装，
> 他们的枪声把世界惊动。
>
> 敌人早已在幽寂中安睡，
> 胜利者也在幽寂中沉埋。

---

① 保罗·列维尔是美国独立战争时期的一名银匠，他最著名的事迹是在列克星敦和康科德战役前的午夜，骑马警告殖民地民兵英军即将来袭。他的事迹因美国诗人郎费罗（Henry Wadsworth Longfellow）的《列维尔的午夜奔骑》（*Paul Revere's Ride*）而在美国家喻户晓。

> 湮灭的时光里桥已倾颓，
> 随深暗的河水归向大海。
>
> 今日的岸边宁静而翠绿，
> 我们在碑石里寄托追思，
> 愿荣光能在记忆中永驻，
> 当子孙和先祖一样消逝。
>
> 灵啊，是你赐他们勇敢，
> 为后代的自由慷慨赴死，
> 别让碑石在岁月里凋残：
> 它属于他们，也属于你。[5]

康科德战役打响的 61 年后，爱默生写了这首诗。目前还不清楚是谁打响了独立战争第一枪，但英国士兵是在康科德北桥与美国民兵狭路相逢的。美国民兵被严令不许开火，除非英国士兵先开枪。英国人首先向康科德河里开了两三枪；美国人只把这几枪视为是警告。他们严守命令，一枪不发。但英国人随后很快发起了一次截击，杀死了两名美国人，其中包括一位将领——艾萨克·戴维斯上尉（Isaac Davis），他被射中心脏——他也是美国历史上第一位在独立战争中丧生的军官，留下了一名遗孀和四个孩子。

看到眼前发生的一切，康科德民兵组织首领约翰·布特里克少校（John Buttrick）奋起并大喊："开火！士兵们，上帝保佑，开火!"据在场的人说,"开火这个词就像闪电一样在整支美国部队里传开……几秒钟之后,数百个人都在大叫着开火、开火。"[6]康科德戎装的农夫们集体听从了布特里克上校的命令(我想,这是有历史意义的一枪——美国人为自己而战的第一场战役)。两名英国士兵被杀死。其余英国士兵随即撤退了。让他们吃惊的是,美国人首战告捷。战争也拉开了帷幕。

今天,小学生们在参观"一分钟人"历史公园(Minute Man National Historical Park)时会读爱默生的诗。但对本杰明·富兰克林、亚历山大·汉密尔顿、詹姆斯·麦迪逊和他们的同龄人来说,康科德革命并非是历史,而是活生生的现实。这是他们的朋友和同仁们战斗的地方,这是他们牺牲的地方。这是国家诞生之地。在这样的背景下,鲍威尔夫人那个不容回绝的问题——"你们为我们设立了什么?"——引出富兰克林的答案就是必然。

定居康科德后,我和妻子需要为我们和两个小孩(以及我们知道很快就会有的小狗——最后是一只名为"斯诺"的黄色拉布拉多猎犬)在可供挑选的房源中进行选择。最后有两处房子可以选。第一处房子几个月前我们参观过。房子很完美,富丽堂皇、阳光充足、品质卓越、功能齐全、干净整洁,有全新的空调设备、梦寐以求的厨房,以及所有现代化的设施。你一定会爱上它。我当然也是如此。

第二处房子建于1763年,是用一位美国独立战争的积极参与者——以法莲·伍德(Ephraim Wood)命名的。1771年,伍德被选为康科德的市政委员、镇书记、济贫评估监督官(他连任该职位达17次)。1773年,他在决意反对茶叶税的委员会任职。根据马萨诸塞州历史委员会的说法，伍德之家是"康科德早期农舍中最重要的一栋"。[7] 这栋房子在美国独立战争中占有一席之地，在战争开端就自有其荣耀。实际上，它推动了独立战争的爆发。这是一间储存弹药的仓库，引发了英国士兵的首次冒险。

正如委员会所解释的那样，"1775 年 4 月 19 日前的几个星期，军队物资被送往内陆的康科德藏匿，35 桶火药中的 6 桶以及一些子弹被藏在以法莲·伍德的农场里"。在开战前，英国军队曾前往那个农场，寻找伍德和那批弹药。但他们什么也没找到。伍德在回家的路上发现了英国士兵，他背着弹药设法逃脱了。伍德是爱默生诗中戎装的农夫之一。

在那关键的一天，英国士兵摧毁了许多财物，包括他们能找到的每一件公用物资。但他们没有烧毁甚至没有损坏房屋。伍德回来后，随着战况持续，情况变得很紧急，并且每况愈下，可是房子仍然完好无损。直到美国成立，杰斐逊写下《独立宣言》，这栋房子一直存在。杰斐逊写下独立宣言几个月后，作为某个组织的成员，伍德在离他家不远处为该组织撰写了一份文件，要求在康科德举行制宪会议，解决如下问题：

> 最高立法机关，无论是以适当的身份还是在联合委员会中，都不是制定宪法或成立政府的适当机构，原因如下，第一，因为我们认为，宪法是要建立公平的原则，以确保公民享有和行使其权利和特权时不受到政府的任何侵犯……[8]

伍德所在的这个组织，其成员包括布特里克少校（就是下令"开火"的将领），这个组织被认为是制宪会议理念的创始者。早在《邦联条例》（Articles of Confederation）在这块土地生效时，伍德的房子就在那里，当《联邦论》发表及宪法被批准时，他的房子还在那里。伍德是一个鞋匠，他和一个儿子在这栋房子里开店制鞋。在19世纪末，它成了康科德家庭学校的所在地。

但在21世纪，"伍德之家"已经上市售卖了很长时间，依然无人问津。它并不完美，充满了18世纪的气息。在楼上，一些旧楼板是倾斜的；让人觉得晕乎乎，像是在游乐场。以前的人身高一般要矮不少，所以当你现在走进房屋正门时，必须得弯腰。同样，原来的天花板低得让人不舒服。

主卧室似乎是为身高不超过五英尺的人建造的。在庄园里还有一个小"马厩"，但已经年久失修，没有什么马愿意待在那里。房子和马厩都需要大修。

"伍德之家"没有空调。地下室乱七八糟，胡乱塞满了存了几十年的电线。我们请了一位建筑师朋友仔细察看，并帮我们对房子进行评估。当他来评估时，脸色严峻，对这栋房子没说一句赞美之词。

但有些是不变的：无论何时，当你进入正门弯下腰，都会知道脚下是美国独立革命诞生之地，美国人在此储存武器，准备为自由而战，也可以感受到"是你赐他们勇敢，为后代的自由慷慨赴死"的精神。

我是其中一个有此感受的后人。因此，我买下了这栋房子。

与众不同

因为弹劾如此罕见，美国人很少关注它。从某种程度上说，这是件好事。弹劾是最后的补救措施。如果"我们人民"几十年来都不讨论弹劾，这不是最坏的消息。可能是因为我们的总统表现良好，至少是足够好。我们不必担心如何以及是否要罢免他们。

但从另外一个角度上说，公民不讨论弹劾是一个大问题，尤其是基于共和主义的理由。感谢战士们和国父一代，让我们成为自治的人民。在一些美国建国文献①的作者看来，弹劾条款是整个宪法中最重要的部分。

插一句话。因为君主制阴魂不散，建国者们害怕国王再度出现。当然，他们中的大多数人都想要一位强大的领导者——亚历山大·汉密尔顿引领着这股思潮。但是大家又十分矛盾，非常担心职权被滥用。他们坚持设立保障机制以防极端情况发生（而且他们清楚知道，极端情况意味着什么）。弹劾机制是这些保障措施中最为重要的。如果国家领导人被证明有腐败行为、侵犯人民权利、疏忽职守或滥用职权，那么这个机制就让"我们人民"有机会说"不"。

对于普通公民来说，宪法很深奥，有时甚至是无法理解。制宪者们肯定无法预料到这一点，他们中的许多人会对此感到惊讶和失望，甚至有点震惊。但这是真的。例如，第一修正案对言论自由的保护似乎简单明了。它可能是所有人最基本的权利，它有助于明确

———————————

① 美国建国文献（the founding documents）最主要的部分包括：《独立宣言》、1787 年宪法、权利法案（宪法前十修正案）。

我们国家的自我认同。但是，看起来表述简单的宪法文本——"联邦议会不得立法剥夺言论自由"——已经促成了适用于色情、商业言论（commercial speech）和竞选财务条例等问题的法律学说、检验和子检验。那些学说、检验和子检验并不像菜单价格那样一目了然。为了理解言论自由，法学院学生要研究案例集，言论自由的部分都是煌煌几百页。

这也许不尽理想，但现在宪法的大部分内容都是针对专家的，尤其是律师和联邦法官。我们的法院由未经选举的法官组成，用来给出建议、适用法律检验和子检验。

但弹劾是完全不同的。它是为"我们人民"所设计的，不是为法官设计的，也不是仅仅为专家设计的。它不可能是这样。与宪法的其他部分一样，弹劾条款将合众国的命运直截了当地交到了我们手中。接下来我们将会看到，对弹劾条款的理解可以告诉我们很多与整个宪法体系有关的内容。如果不理解弹劾与宪法体系中其他部分的紧密联系，看不到它在美国独立革命中的起源，就无法理解弹劾。

宪法不是一个完美的体系。但它肯定自成体系。

中立性

假设一位总统卷入了某些在你看来非常糟糕的行动。假设你认为他应该被弹劾。你应该立刻问问自己：**如果我喜欢总统的政策，我会想弹劾他吗？会不会恰恰相反认为他做得非常出色？**

这是确保必要的中立性的好方法。弹劾机制不是给政治输家们用来推翻合法选举结果的方法。这也不是公众批评国家领导干得很糟的一种方式。换而言之，讨厌总统不是弹劾他的充分条件，真正危险的情况是：假如你讨厌他，可能会将某些行为作为弹劾的合法依据，但如果你喜欢他的话，就会觉得这些根据显然不充分。

下面是第二个检验。假设你认为总统不该被弹劾。你应该问问自己：如果我憎恶总统的政策，我会不会反过来认为他干得非常糟糕？这同样也是一个重要的问题。如果总统支持者不认为他犯下了一个可弹劾的罪行，他们应该这样检验自己的中立性：问问自己是否被政治信念扭曲，影响了判断力。

第三个检验是最重要的。试着将自己置身于"无知之幕"（veil of ignorance）之后，你对总统及其政策一无所知。你不知道自己是否会给他投票或支持他。你所知道的仅是被认为可弹劾的行为。**如果这就是你所知道的一切，你会认为他应该被弹劾吗？**

我也会将中立性牢记于心，不会谈及任何在任的政治人物。我将集中讨论美国宪法规定的弹劾，以及它的庄严与神秘。

第二章

从国王到总统

关于弹劾，宪法条文看起来非常简洁，共有三个条款。第一条第二款第五项规定："众议院独享发起弹劾之权。"

简洁明了。

同一条第三款第六节接着规定："参议院独享审讯所有弹劾案的权力……联邦总统受审时，由最高法院首席大法官主持；未经出席议员三分之二同意，不得定罪。"

同样简洁明了。众议院拥有弹劾权，类似于起诉，而后进行审判。未经参议院以类法院程序进行审判定罪前，任何官员不被罢免职务。

第七项接着规定："对弹劾案的裁决，不得超过罢免职务、取消担任或享受联邦荣誉职务、受托职务、受薪职务的资格；但是，对确证有罪者仍可依法起诉、审讯、裁决、处罚。"

也就是说。如果一名官员被定罪，他将被（永远）赶下台。他的职务会被免掉，但不加以惩罚。当然，他仍可以单独被起诉、审判和处罚。在这里我们会有些疑惑，但基本上不至于完全搞不懂。

第二条第四款规定："联邦总统、副总统、全体文官，如因叛国、贪污，其他重罪或严重行为不端被弹劾并被确认有罪，应予罢免。"

这就是让事情变得极为微妙的地方。越是盯着关键词"重罪或严重行为不端"，越会觉得它们令人费解。顺便说一句，所有文官，包括内阁成员和联邦法官，都可以被弹劾，尽管我在这里的主要关注点是总统。

如果我们在 18 世纪最后几十年的历史中费些功夫，就能找到一个框架。这个框架最终为大多数问题给出了答案（并非所有问题，而是大多数问题）。在此过程中，它给制宪者们最宏大的愿景提供了些许脉络，并有助于告诉我们独立战争和美国例外主义（American exceptionalism）到底是怎么一回事。

"你想听听我对亲王的看法吗？"

下面是宪法中的一条，你可能不知道，但它是弹劾条款不可或缺的背景：

> 联邦不得授予贵族头衔；任何联邦受薪受托官员，未经联邦议会同意，不得接受国王、君主、外国的任何礼物、俸禄、官职、爵位。

最能说明问题的词是那些被禁止的贵族头衔。没有国王，没有皇后，也没有王子或公主。这一条款可追溯至宣称"人人生而平等"的《独立宣言》。

20世纪80年代早期，我曾有幸担任过瑟古德·马歇尔（Thurgood Marshal）大法官的法律助理，他是美国历史上最伟大的律师和法官之一，也是取消公立学校"隔离但平等"的法律策略设计师。马歇尔大法官不惧权威，目光炯炯有神，刚正不阿。他跟我说过一个故事，他与一位英国皇室成员——菲利普亲王见面，菲利普亲王握手后马上问他："你想听听我对律师的看法吗？"马歇尔立刻回应道："你想听听我对亲王的看法吗？"

从那之后，两人相处得很好。但马歇尔大法官深知，禁止贵族头衔，包括他对亲王的尖锐回应早已融入了美国人的血液。它可追溯到美国建国文献和1775年4月19日的康科德之变。

弹劾条款是禁止贵族封爵的兄弟条款。在殖民地，弹劾被用以对抗皇室特权。它的存在本身就是一种制约，一种殖民地立法机构对其认定的非法统治进行反击的机制。在获得独立后，弹劾成为一种控制官员滥用职权的共和机制。正如国父一代所预见的那样，罢免总统的权力对于避免重蹈君主制的覆辙来说是必不可少的。但要根据什么？民众各持己见。这个问题引发了喧嚣而激烈的辩论，最终促成了明确的原则。

但早在美国殖民者开始怨恨国王统治之前，故事就已经开始了。我们将对弹劾进行快速一览，从英国惯例开始，转至殖民地的经验，到独立革命，到探索独立革命后的经验教训，再到宪法起草，最后是宪法批准辩论。

让我们不再把革命者想象为历史书中庄重的白发老人，而是把他们当成热情、积极、充满活力、愿意抛头颅洒热血的革命者，他们非常专注于他们薪火相传给子孙后代的事业。为了充分理解我们将要体会到的精神和弹劾条款起草的时代，请记住帕特里克·亨利（Patrick Henry）① 在 1775 年 3 月 23 日说过的这些话：②

> 议长先生，他们说我们软弱无能，无法抵御如此强大的劲敌。但是什么时候我们才能强大起来？下个星期还是明年？当我们手无寸铁，家家户户都驻扎着英国卫兵的时候吗？难道畏首畏脚、无所事事就能韬光养晦了吗？难道我们高枕而卧，抱着虚幻的希望，待到敌人捆住了我们的手脚，就能找到有效的御敌之策了吗？
>
> 战斗实际上已经打响。从北方刮来的风暴将把武器的锉锵回响传到我们耳中。我们的弟兄已经奔赴战场！我们为什么还要站在这里袖手旁观呢？绅士们想要做什么？他们会得到什么？难道生命就这么可贵，和平就这么甜蜜，竟值得以镣铐和奴役作为代价？全能的上帝啊，制止他们这样做吧！我不知道别人会如何行事；至于我，不自由，毋宁死！[1]

---

① 帕特里克·亨利（1736—1799），美国革命家、演说家，弗吉尼亚首任州长，生于弗吉尼亚州，1760 年取得律师资格，后曾为弗吉尼亚议会议员。

② 选自帕特里克·亨利的演讲《不自由，毋宁死》。

我们激进的革命

我们常常想当然地认为，美国独立革命是相当保守的。法国大革命震撼了整个世界，俄国革命亦如此。而美国独立革命看起来似乎更温和。

这也许是一次摆脱英国统治的事件，但人们对社会和政治的理解没有发生根本转变。毕竟，美国的诸多法律和文化都反映了我们的英国传统，我们的宪法在许多方面也是在其基础上直接制定的。美国人提到英美传统时都很自豪。他们喜欢莎士比亚、华兹华斯（William Wordsworth）和甲壳虫乐队。早在美国宪法制定之前，就有《大宪章》。英国真有那么糟吗？诚然，美国人不想被国王统治，认为"无代表，不纳税"，甚至我们在波士顿有了茶党——但差别有这么大吗？

是的，有那么大。如果你研究独立革命前的那几十年，可以看到共和主义在全国各地风起云涌，这是一个很激进的主义。正如美洲殖民地居民理解的那样，共和主义使自治成为必需；他们以此为原则反对英国统治。从罗马时代开始，共和主义有多种形式。但是殖民地居民受法国思想家孟德斯鸠（Montesquieu）的影响尤甚，孟德斯鸠根据相关联的定义把政府分为三种政体，影响长远：

> 共和政体是全体人民或仅仅一部分人民握有最高权力的政体；君主政体是由单独一个人遵照稳固和确定的法律执政；专制政体是按一个人的意志行使权力。[2]

北美十三州蔑视君主政体和专制政体。他们认为前者常导致后者。如果你对这一点有任何疑问，想一想《独立宣言》，该宣言反对君主制的"一系列滥用职权和强取豪夺"，"旨在减少"将殖民地"置于专制暴政之下"的意图，这得出的结论是："人民有权利也有责任去推翻这样的政府，并为其未来的安全提供新的保障。"

在北美十三州，共和主义理念集中在人民群体的最高权力上，引发了关于政府合法行政的新观念。它还推进了弹劾的新用途。更进一步说，它激发了公众对人际交往的新理解，并在此过程中瓦解了既有的多层次等级制度。瑟古德·马歇尔对菲利普亲王的妙语正是 18 世纪最后 40 年美国思想自然而然发展的结果。

最好也最生动的说法来自历史学家戈登·伍德（Gordon Wood），他认为美国独立战争既是社会性的，也是政治性的，它涉及人类有平等尊严这一基本原则。[3] 关于弹劾，伍德未置一词，但对于理解制宪会议是如何就该问题达成一致而言，他的说法是必不可少的。

在 18 世纪早期，美国人生活在一个等级制度森严的传统社会中，这些等级渗透到人们日常生活，甚至是他们的信仰和自我认知之中。伍德写道："普通人……生来就认识并感受到自己是绅士阶层的附庸，以致那些人地位卑微……养成了所谓的'领首低眉'……并且知道摆正自己的位置，在绅士阶层策马骑行时自觉自愿地走路；而且他们很少表现出想和绅士阶层换换位置的强烈欲望。"[4] 在伍德看来，"只有我们意识到许多普通人*仍接受自己低人一等到何等程度*，否则理解前现代世界的独特性"是不可能的。[5] 这种认可具有政治色彩。当然，在英国，国家主权由国王独揽，并且在很长一段时间内，美国臣民都普遍谦卑地接受了这种观念。

1760 年前，北美十三州人口尚不到 200 万，君主制下的臣民们生活在经济欠发达的地方，与世隔绝。他们"仍然理所当然地认为社会应该是层层分封、等级森严的"。[6]

在接下来的 20 年里，随着全世界君主制观念的崩塌，他们的整个世界都天翻地覆了。这是政治的革命，也是价值观的革命。用伍德的话来说，美国革命"像历史上的其他革命一样激进和万象更新"，创造了"一个世界上前所未见的新社会"。[7]

以其对自由和平等的自豪承诺，共和主义摧毁了前现代世界。可以肯定的是，共和主义的革新力量无所不在，也包括在英国本土。正如大卫·休谟所说的那样，"把国王当作上帝在尘世的代理人，或授予任何让人眼花缭乱的华丽头衔，只会激起人们的笑声"。[8] 但是在北美十三州，共和思想的权威是独特的、毋庸置疑的。随着革命力量的凝聚，人们不再说笑。事实上，国王的统治并不好笑。1776 年，托马斯·潘恩（Thomas Paine）将国王描述为"皇家畜生"和"恶棍"，空有"国父的头衔"。[9] 约翰·亚当斯（John Adams）惊奇地发现，"对君主制的崇拜和对贵族荣誉的奴颜婢膝，从未像现在这样，在如此短的时间内，从如此众多的人们心中完全根除"。[10]

美国最早的历史学家之一，曾在独立战争期间被英国逮捕的大卫·拉姆齐（David Ramsay）惊叹于美国人"从臣民变为公民"，是一种"翻天覆地"的转变，因为公民"拥有主权。不同于以往臣民仰望君主，公民之间是平等的，没有优于他人的世袭权利"。[11] 潘恩这样说道："我们的思维方式和做事风格经历了一场比国家政治革命更不寻常的革命。我们用他人的眼光来观察；我们用他人的耳朵来聆听；并用他人的思想来思考，而非因循守旧。"[12]弹劾的理念源自英国，却在其本土被废弃，随着转变的开始，它逐渐呈现出一种全新的含义。它变得彻底美国化了，成为人民主权的工具，一种强调共和主义的武器，也成为一种人民自治的机制。

毫无疑问，拥护革命的思想导致了对皇室和贵族的批判。共和主义就是关乎这一点。但同样的思想也让人们更加关注普通人的心声、需求和影响力。各种等级制度必然会瓦解——这并非由嫉妒所致，而是通过《独立宣言》中名垂千古、简单明了的声明——"人人生而平等"而瓦解的。正如伍德所说，"如同我们今日所做的那样，与其强调和痛惜独立革命未能废除奴隶制、未能从根本上改变绝大部分妇女的境遇，不如把重点放在独立革命尚未完成的事业上，否则就会错过革命功绩的重大意义：事实上，独立革命让19世纪的奴隶制废除和女权运动成为了可能，也让我们现在的平等主义思想成为了可能"[13]。

美国19世纪著名诗人沃尔特·惠特曼（Walt Whitman）曾为革命发声："关于平等，好像它妨害了我，因为给了别人跟我同样的机会和权利，好像让别人享有与我同样的权利，对于我自己的权利并非必不可少的。"[14]惠特曼的继任者鲍勃·迪伦更简明扼要地唱道："传教士对邪恶的命运布道 / 教师给恭候已久的知识讲课 / 能通往那些盛满百元大钞的盘子 / 美德隐藏于它的大门之后 / 但就算是美国总统 / 有时也必须得赤身裸体站着。"[15]

失败的联邦

1776 年《独立宣言》签署。1781 年在包围英军并迫使康沃利斯将军（Charles Cornwallis）投降的约克镇战役之后，美国与英国的战事就基本上停止了。1783 年与英国签署了和平条约后，美国独立革命正式结束。

早在 1776 年夏天，美国人就开始起草一份宪法，并于 1777 年将其提交给各州，1781 年获得批准。只不过当时这份文件没被称为宪法，而是叫作《邦联条例》。这并非一个振奋人心的名称，但一目了然。整个国家作为邦联运行，各州享有很大的自主权。《邦联条例》的开头毫无诗意：

> 美利坚合众国各州代表，一致通过本《邦联条例》……
>
> 新罕布什尔、马萨诸塞湾、罗德岛和普罗维登斯种植园、康涅狄格、纽约、新泽西、宾夕法尼亚、特拉华、马里兰、弗吉尼亚、北卡罗来纳、南卡罗来纳和佐治亚之间的联盟和永久同盟。

请注意这些条款是由各州及其代表制定的，而非"我们人民"。相比较而言，16 年后制定的宪法开头就变得激昂了：

> 我们合众国人民，为建立一个更加完美的联盟、树立

正义、确保国内安宁、提供共同防御、促进普遍福利、保
证我们自身和子孙后代的自由和幸福，制定美利坚合众国
宪法。

这里不仅有诗意，也有很多实质内容。仅仅前面几个词，就明
确了是谁在当家作主。在两份文件制定间隔的这些年里，发生了很
多事情。

《邦联条例》第一款确实为联盟提供了个好名字："美利坚合众
国"。但第二款又将其打回原形："各州保留自己的主权、自由和独
立、每项权力、管辖范围和权利，邦联议会召开期间通过这项结盟
明确授予联邦者例外。"

《邦联条例》是北美十三州与英王乔治三世交战期间制定的。
北美十三州并不急于自立为王；可他们不仅要抛弃君主制，更重要
的是，他们完全拒绝设立一个国家首脑，这意味着没有人会被弹
劾。[16]《邦联条例》确实设立了一个立法机构，但它却是一个弱化了
的立法机构。例如，它无权征税或监管商业，也没有具备一般管辖
权的国家级法院。

在《邦联条例》的约束下，这个年轻的国家（如果可以称其为
国家的话）因争执与不稳定而陷入困境。各州之间存在分歧，他们
之间缺乏通力合作，保护主义猖獗。本土经济衰弱，国家收入也无
法增加。对许多人来说，美国似乎处于解体的边缘。美国独立战争
才过了10年，国家的崇高理想和抱负似乎就岌岌可危。詹姆斯·麦
迪逊给一位朋友写信说，人们"一致认为目前邦联正摇摇欲坠"，

同时也给另一位朋友写道，"在这种情况下，政府不可能基业长青。"[17]

1786 年，各州代表在安纳波利斯（Annapolis）会面，商讨邦联内部出现的商贸问题。由于出席的代表不多（仅有五个州十二名代表），他们通过决议在费城举行会议，以应对日益恶化的局势。但代表们的职责比最终决议所暗示的更狭窄，也更有限。由州立法机构选出的代表（除了南卡罗来纳州，他们的代表由州长选出）被指示"在费城会面……考虑到美国的实际情况，尽可能地进一步完善条款，以便联邦政府的宪法能满足邦联的迫切需要"。[18]

职责的有限性给代表们带来了一些麻烦，他们的决议反映了他们的观点，即不必提供"进一步的规定"，而是制定一个全新的文件。最重要的变化包括设立行政部门；向国会授予税收和监管商业的权力；以及建立联邦司法机构，包括最高法院，如果国会同意，还可以设立联邦法院。

对其拥护者和批评者来说，新宪法最值得注意的特性就是大幅扩张国家政府，赋予其新的权力，并授权行政和司法机构很大的自由裁量权对公民进行监管。

就目前而言，代表们最初来到费城时，对他们来说，《邦联条例》中最致命也最明显的一个瑕疵就是没有设立国家首脑。美国需要一位能够在外交事务上代表国家发言的人员。国家需要能够执行法律的人员。国家首脑需要由部门和机构组成的政府幕僚来为他工作。为了让新国家运行良好，这个首脑需要变得很强大。

究竟有多强大？这个问题好！

单一行政官

对制宪者们来说，最首要的问题是结构问题。行政部门应该由一人还是几个人领导？它应该是单一的还是多元的？权力该如何分配？这些问题的答案与关于弹劾的辩论都密切相关。

制宪会议中，曾签署《独立宣言》并随后被任命为最高法院大法官的思想领袖詹姆斯·威尔逊（James Wilson）主张单一行政官，因为这一体制将赋予"官员最大的能量、效率和责任"。[19]对近来历史铭记在心的一些代表们表示强烈反对。埃德蒙德·伦道夫（Edmund Randolph）认为单一行政官将是"君主制的萌芽"。[20]休·威廉姆森（Hugh Williamson）认为这意味着国家将拥有"选举出来的国王"。[21]约翰·迪金森（John Dickinson）也是一位著名的思想领袖，他反对威尔逊的主张，认为这会选出与"共和政体不一致"的行政官，而更像英国的行政机构。[22]伟大的迪金森知道如何抓住要害。

尽管如此，代表们仍用七比三的投票结果选择了单一行政官制，将其凝结在几个世纪以来一直备受关注的这句话中：

> 行政权寓于美利坚联邦的一位总统。

亚历山大·汉密尔顿是这句话背后的主力军，他起到的作用远高于威尔逊。在《联邦论》中，他自豪地写道："引起我们注意的第一点，行政权力，将集于总统一人，很少例外。"[23]这听起来是不是有点像国王？在解释为什么单一行政官可以接受时，汉密尔顿立即补充

道："当选美国总统，任期四年，连任不受届数限制，只要联邦人民
认为他值得信任。这一点，美国总统与英国国王完全不同：英国国王
是世袭君主，拥有王冠，可以按男性顺序继承，世世代代传给后人。"

然后汉密尔顿强调：美国总统，可以弹劾，可以审讯，若确认
犯有叛国罪、贪污受贿，其他重罪或严重行为不端，可以罢免；去
职之后，还可在普通法庭上对他提起诉讼，作出惩处。英国国王神
圣不可侵犯：没有宪法法庭处置他；除非发生全国革命，英国国王
不会受到处罚。

我们可以看到一条有三个环的链条：一位总统、任期四年和弹
劾。前两环对每个美国人来说都很熟悉。当然，第三环比较晦涩。

决定采用单一总统制有三个不同的动机，都与弹劾有关。首先，
单一总统制会使行政人员充满活力、精明强干。而多位行政官将
陷入内耗的困境。汉密尔顿说："权力集于一人，有助精明强干，
此点自不待言。果断、进取、缜密、神速，是一人办事的特点，远
胜一群人；人数越多，优势越少。"[24]

诚然，在政府中无为（paralysis）自有它的魅力。它有利于自
由。但从汉密尔顿的观点来看，一个无为的行政官可能会变得软弱
无能，以至于毫无行政可言。

其次，单一行政总统会有更强的责任感。如果有问题，他知道
谁应该对此负责。对此，汉密尔顿再次强调，反对一人以上担任行
政官最有力的意见在于：多人任职，倾向于掩盖缺点，文过饰非，
摧毁责任感……多人担任行政官，令人难以判断，究竟属于那种情
形……在互相指责之中，很难判断，一项或一系列误国之策，究竟

责任在谁，应该处罚哪个。互相推诿，文过饰非，个个道貌岸然，弄得舆论无法判断，究竟谁是罪魁祸首。[25]

单一总统就没有这样的疲沓拖拉之风。第三点，也是最后一点，单一行政官能更好地集中协调。如果单人负责，他可以更好地确保行政部门得到适当管理，并与其他人员相互配合。

单一行政官一定是与议会相对应的角色，无论过去和现在都是如此。汉密尔顿也谈过这一点，让我们再听听他怎么说，"在议会里，仓促决定，往往弊大于利。议会里面，意见纷纭，党派争执，虽然有时会妨碍通过有益计划，但可以促进讨论，深入细节，能够制约大多数人的过火"。[26]

这两句话内涵丰富。汉密尔顿认为议会在某种程度上的无所作为并无大碍。妨碍"有益计划"让人扼腕，但如果能够"制约多数人的过火"，就价有所值。议会由众议院和参议院组成，具有不同的责任制：众议院议员（更平民化）每两年选举一次，参议院成员（更精英化）每六年选举一次。美国宪法秩序旨在建立一种协商民主，在责任制下可以进行辩论和讨论。这不纯粹是一个多数决定制，那种多数人仅仅因为自己人数占优就可以决定怎么做的制度。说理是关键，协商民主要以理服人。

在国会方面，代表人数众多，加上两院制，能促进有分歧的人之间进行协商。制宪者认为两院制能确保"深思与慎重"，很大程度上是因为多样性作为一种保障措施，也是扩大各种争论范围的一种方式。两院制以及对深思与慎重的重视，在弹劾辩论中都发挥着关键作用。

第三章

谁能凌驾于正义之上？

虽然多数代表支持单一行政官的理念，但他们也很关注反对意见，他们避免产生一位国王的愿望依然如故。问题的关键是：如何罢免一位卑劣的总统？

这个问题延伸出了另外四个问题：（1）弹劾是否可行？（2）如果弹劾可行，正当理由是什么？（3）谁有弹劾权？（4）弹劾的后果是什么，换句话说，是否需要进一步罢免总统（或其他官员）的职务？在费城，出身大不相同的代表们探讨了这些问题。

英国先例

1635 年以来，美洲殖民地曾热烈地讨论过弹劾。[1] 独立战争前后，美国人掌握了与弹劾有关的所有详尽和最新的知识。这件事情非比寻常，因为在制宪会议召开的 70 年前，弹劾在英国已经差不多被废弃了。尽管如此，约翰·亚当斯仍然把弹劾看作是"英国人的权利和特权"。[2]

　　亚当斯这么说自有其理由。1679 年，也就是发现美洲将近百年时，英国下议院宣布弹劾是"维持政府的主要制度"。[3] 埃德蒙·伯克（Edmund Burke）将弹劾描述为"宪法纯洁性的守护者"。[4]

　　在特定的背景下，这些言语铿锵有力。问题在于：权高位重的国王大臣们，他们是对英国议会负责，还是仅仅对国王负责？弹劾就是这些问题的明确答案：他们对英国议会负责。弹劾更像是用议会至上取代君主专制的一种态度。在英国，弹劾是向共和自治方向迈出的重要一步。亚当斯、麦迪逊和汉密尔顿都了解这一点。

　　具体而言，英国弹劾思想的崛起，主要是因为其针对的对象不受传统刑法的制约。议会使得国王的大臣和公职人员可因公权力犯罪而被弹劾。"严重叛国、犯罪和玩忽职守"这一词早在 1386 年的弹劾程序中就出现了，相对而言，"重罪和严重行为不端"的特定术语直到 1642 年才出现，此后才反复被使用。[5] 根据英国法，英国下议院将"严重行为不端"一词定义为明显公开的失职，包括但不限于实施犯罪。[6] 因此作为弹劾基准的"重罪和严重行为不端"，表现为"一种反对国家的政治罪行"。[7] 弹劾是一种政治武器，用以质询行政不法行为。下议院有权决定是否弹劾，如果启动弹劾，将由上议院进行审理。定罪惩罚的后果可能很严重；甚至包括死刑。

　　在英国法中，"严重"（high）这个词有些意义不明。到底是指罪行的严重性，还是诉讼所针对的公务行为的性质？一些实际惯例表明这一术语有两层含义：与弹劾性质相适应，高级行政官员的不当行为后果严重。随着惯例实施，"重罪和严重行为不端"可能意味着严重犯罪，但该严重犯罪行为也可能不是违反刑法的严重不当行为。严重不法行为，如以国家之名签订了"屈辱性条约"一样可被认为是英国弹劾的法律依据。[8]

就目前而言，更为重要的是英国涉及弹劾的重大案件通常与公职人员严重滥用职权相关，换而言之，这种不当行为只有担任某种职务才存在犯罪的可能。根据拉乌尔·伯格（Raoul Berger）编制的真实弹劾案件列表，援引"重罪和严重行为不端"一词的犯罪指控有：

> 滥用指定拨款；
>
> 向不具能力者卖官鬻爵；
>
> 起诉但不追究罪行；
>
> 贪财好贿致不赀之损；
>
> 阻挠议会关于在仓库储存武器和弹药的命令；
>
> 阻挠政敌参选并致其非法逮捕和拘留；
>
> 玩忽职守致船舶损失；
>
> 协助司法部长制定公告禁止向国王请求召集议会；
>
> 接受东印度公司5500畿尼贿赂授予特许状。[9]

很明显在上述情形中，弹劾程序启动都是因为公职人员滥用特权。最广为人知和声名远播的案件类型都是滥用职权的案件。但在实践中，英国惯例的适用范围更为广泛。

美国式重构

当制宪者们在费城开会时，很多人都知道英国惯例，但这些惯例历史悠久，可追溯至 17 世纪初。从那时起直到美国建国，弹劾理念早已随着日益不同的文化而有所变通，并由于共和思想的兴盛而重构。如果你对美国例外主义的来历感到好奇，那么这一重构就是一个很好的起点。

美国惯例得以发展，如英国一样，其关注点仍是滥用职权，但显然是以共和主义的措辞来理解。在殖民地，弹劾是议会用以罢免存在严重不法行为的行政和司法人员的一种机制。早期的弹劾纯粹是因为政治原因，导致官员可能因违反 "民意" 或表现出 "危险倾向" 而被弹劾。但在美国独立战争之前，主流观念认为弹劾仅限于严重犯罪、高级官员滥用职权或不当行为。

从 1755 年到签署《独立宣言》的关键时期，弹劾是用来反对皇权政策滥用权力的武器。这样，弹劾作为行使人民主权的工具，巩固了弹劾与美洲殖民地共和主义之间的密切关联。

例如在马萨诸塞州，首席大法官彼得·奥利弗（Peter Oliver）因服从皇室命令而被弹劾。[10] 在宾夕法尼亚州，议会宣称其主要权力是 "制定法律，批准皇室补贴，预防和消除人民的不满和压迫"。弹劾制度是共和主义补救的重要机制。虽然许多殖民者都熟悉英国惯例，但彼得·霍弗（Peter Hoffer）和纳塔利·赫尔（Natalie Hull）在他们的权威论著中写道："在美国的实践为弹劾带来了新的意义。""事实上，人民通过自己的代表，而不是通过英国下议院，有权利和权力罢免失职官员。"[11]毫无疑问，在美洲殖民地，违反刑法并不是弹劾的唯一依据。重点是"明显的不当行为和故意滥用职权"。[12]在这个特定的定性范畴中，犯罪既不是必要条件也不是充分条件。

18世纪70年代，北美十三州的美国人开始认识到，弹劾是人民可以用来罢免失职官员的机制，被弹劾的官员背离了共和主义原则，最重要的是他们因贿赂和不当使用权力而造成滥用职权。从这个意义上说，弹劾是实现即将到来的独立战争目标的法律工具。

赢得独立后，一些州宪法中包括了弹劾机制。这种机制可以在特拉华州、马萨诸塞州、纽约州、北卡罗来纳州和宾夕法尼亚州（以及佛蒙特州，该地区也有宪法，但直到1791年才成立为州）的最初宪法中找到。18世纪80年代，弹劾机制也为佐治亚州、新罕布什尔州和南卡罗来纳州所接受。[13]特拉华州是第一个具体规定可弹劾犯罪类别的州，即"因行政渎职、腐败或其他可能危及公共安全的行为而触犯本州法律"的行为。[14]在马萨诸塞州和新罕布什尔州，行政官员可能因行政渎职或行政不当而被弹劾。[15]在纽约州，弹劾需要过三分之二多数，适用于"行为不当和行政渎职"的所有在职行政官员；并随后在特别设立的法庭进行审判。[16]

关键结论是弹劾被确立为"适合共和主义统治的工具"。[17]但在谁有权弹劾的问题上，大家产生了分歧和争议。根据英国惯例，各州倾向于分成两个步骤。州议会有权发起弹劾程序。如果一名官员被弹劾，他不会被罢免；弹劾本身类似于起诉。被弹劾官员会在另一个不同的机构接受审判。1783年，托马斯·杰斐逊以这个范例为基础，提议在弗吉尼亚州成立一个由法官和立法者组成的弹劾法庭。[18]麦迪逊强烈反对杰斐逊的提议，并主张任何审判都应该在一个更加明确的司法程序中进行。[19]

美国独立后，弹劾机制下曾有过大量实践案例。弹劾被适用于欺诈、敲诈勒索、贿赂、资金管理不善，甚至欺凌普通百姓的官员。[20]玩忽职守和不胜其任也被认为是弹劾的充分理由——但仅有恶劣到一定程度时才会被认为是损害了州的利益。鉴于其实用性，许多人认为弹劾机制的一个优点是"人们无需在街头对官员进行投诉"。[21]

这些对于制宪会议的代表来说并不陌生。事实上，汉密尔顿、麦迪逊、乔治·梅森（George Mason）、埃德蒙德·伦道夫、古弗尼尔·莫里斯（Gouverneur Morris）、詹姆斯·威尔逊、威廉·帕特森（William Paterson）、鲁弗斯·金（Rufus King）、埃尔布里奇·格里（Elbridge Gerry）、休·威廉姆森和查尔斯·平克尼（Charles Pinckney）全都是弹劾专家。他们成为制宪会议辩论中最有影响力的代表，绝非偶然。

要有弹劾吗？

虽然弹劾并没有引起制宪会议成员的极大关注，但其所引起的关注能告诉我们的东西并不少。所有讨论基本上都集中在总统弹劾上，不过，如上所述，宪法的规定把弹劾的适用范围扩展到了所有的政府官员。

　　早期提交给代表们商讨的方案天差地别。麦迪逊起草的弗吉尼亚方案没有提及总统弹劾，却笼统地允许国家司法部门来监督“政府官员的弹劾”。[22]令人费解的是，弗吉尼亚方案并没有明确规定可以弹劾哪些政府官员。根据新泽西方案，经大多数州行政长官（州长）申请后，国会可以对行政长官进行撤职。[23]

　　汉密尔顿提出了自己的方案，其中包括一位“州长”，他将拥有“最高行政权力”，“清正廉明，奉公守法”。汉密尔顿方案规定州长（以及参议员和所有美国政府官员）可因“渎职和腐败行为”而被弹劾。弹劾将由“最高法院大法官或各州法院高级法官组成的法庭进行审判”[24]（提案略显混乱，可能不是汉密尔顿最成熟的设想）。在弗吉尼亚州方案基础上，埃德蒙·伦道夫提出了弹劾的初期版本，提议成立一个特殊司法机构，以审理“任何政府官员的弹劾”。[25]

　　6月初，关于这个议题的辩论十分激烈。曾签署过《独立宣言》和《邦联条例》，广受尊敬的罗杰·谢尔曼（Roger Sherman）独出心裁。他声称全国议会应当有权按自己的意愿罢免总统。[26]托马斯·杰斐逊称谢尔曼“一生从未说过蠢话”，但几乎所有代表都认为这个方案很疯狂。[27]也许，有15个孩子的谢尔曼已经累了。

　　问题在于，如果采用谢尔曼的提议，整个权力分立制度将面临危机。总统需要一定程度的保障和独立性。乔治·梅森提出了决定性的反对意见，认为谢尔曼方案会使行政机构变成“仅仅是立法机关的附庸”。[28]

　　作为新泽西方案的某个变种，约翰·迪金森提出了一个制度性的解决方案，提议只有在大多数州立法机构请求时国会才有权罢免总统（显然迪金森在思考类似不信任投票的事项）。[29]代表们也否决了这一提议，并支持北卡罗来纳州休·威廉姆森的提议，该提议规定对"不当行为或玩忽职守"的政府官员应予以"弹劾和定罪"而罢免。[30]其措辞相当宽泛；似乎默示不当行为（渎职）和玩忽职守（疏忽）皆可弹劾。事实上，威廉姆森是直接从他家乡所在的州宪法中拿出来了此方案，在该州"据刑法不予起诉的违反公共利益罪行"应予弹劾。[31]

在 6 月份，此议题曾多次讨论。6 月 2 日，威廉姆森提出了"违法或渎职"一词，并提议这应成为弹劾的正当事由。[32]议案得以通过。[33]6 月 13 日，早期的一项决议中载有这一提议。[34]6 月 18 日，汉密尔顿提出了自己的议案，提到"若有渎职和贪污行为，应受弹劾"。[35]该提案与之前提案相比毫无进展。弹劾条款包含"违法或渎职"的词语。如果当时裹足不前，美国历史将天差地别！

7 月下旬，关于这项条款的激烈辩论达到了沸点。7 月 19 日，古弗尼尔·莫里斯担心如果总统可被弹劾，他将"依赖于有权提出弹劾的人"，从而有损权力分立。[36]（注意，对于大多数与会者而言，代表们都在国会将选举出总统这一前提下行事，这加深了他们对权力受制的顾虑。）次日，查尔斯·平克尼同意了莫里斯的观点，认为在新共和国总统"任职期间，不可弹劾"。[37]为了捍卫这一立场，平克尼认为立法机关将把弹劾"视之为利剑，用弹劾有效地摧毁行政官的独立性"。[38]

平克尼的观点获得了诸多支持，并在当日的辩论中影响巨大。与莫里斯一样，一些代表强调了权力分立制度，他们认为准许任何形式的弹劾会让权力分立制度受到严重损害。其他代表认为，与国王不同，总统会受到定期选举的影响，这似乎使弹劾变得没什么必要。在任期有限的情况下，真的有必要采用任何弹劾机制吗？问责制不能解决吗？

但平克尼的观点并未得到大家的响应。相反，这似乎还吓到了一些国父们。乔治·梅森最为雄辩：

> 再没有什么问题比坚持弹劾的权利更重要。谁能凌驾于正义之上？归根结底，如果允许一个人凌驾于正义之上，他难道还不会冒天下之大不韪，干出极端不义之举吗？……如果有人搞拉拢腐化的勾当，用这种手段取得了第一次任命，那还不应该反复数落他的罪行，让他难逃惩罚？[39]

同样，埃德蒙德·伦道夫争论道："行政官滥用权力的可能性极大，特别是在战时，当军队，有时还包括公共钱财，都掌握在他手中的时候。"[40]务实派的富兰克林以其特有的方式回忆起以前的历史："可是，在此之前，人们遇到行为令人憎恶的首席行政官，会怎么做？为什么人们不得不求助于暗杀，在暗杀中，他不仅被剥夺了生命，而且被剥夺了证明自己人格的机会。"[41]

麦迪逊辩解说："制定条款，保护社会，制止首席行政官的无能、渎职和背信弃义，责无旁贷。限制行政官的任期，不足以保障安全。"[42]（诸如此类：丧失能力、渎职或背信弃义。）他担心总统"就任后，也可能丧失能力"。麦迪逊特别担忧总统"可能背信弃义，搞阴谋诡计，行为乖张，动辄压制。他也可能背叛对他的信托，投靠外国"。[43]倘若总统腐化堕落或丧失能力，除非予以弹劾，否则局势足以使共和国"毙命"。[44]

签署《独立宣言》的埃尔布里奇·格里的观点更为简明，他提到了独立战争；他"希望在这个会议上，切不可听信流行之论，所谓行政官不会做错事"。[45]谨慎的古弗尼尔·莫里斯，之前曾担心弹劾会使总统软弱和受制于人，他提出了一个建设性的提议，"拉拢腐化和少数其他违法行为"应予弹劾，但"弹劾事由应由条款列举和定义"。[46]正如他所说的，"人民才是国王"。[47]

经过麦迪逊和莫里斯合理而明晰的论述，讨论似乎使得观点逐渐明朗：总统可被弹劾，但仅限于滥用公众信任等有限和特定的事项。这是双方的妥协，调和了总统与国会之间的明显分歧，但仍然允许在个别极端的情况下弹劾和罢免总统。

但讨论未能就任何特定条款达成协议就结束了。仅就行政官是否可通过弹劾罢免这一关键问题进行了投票。赞成者占多数，八比二。南卡罗来纳州和马萨诸塞州是少数的反对者。[48]

问题解决了。总统并不是国王，"我们人民"会有办法罢免他。

弹劾的理由？拯救世界的骑士

但关键问题还没有解决：弹劾要基于何种理由？

在早期辩论中，充斥着各种内涵宽泛、含义模糊的词语：不当行为、疏忽职守、腐败、背信弃义。但麦迪逊和莫里斯所担忧的是，弹劾的理由究竟为何？

制宪会议推选出来的细节委员会（Committee on Detail）对诸多提议和提案进行筛选之后，于 8 月 6 日制定出了关于弹劾新条款的草案。莫里斯明确告知，此版本的条款中将规定允许弹劾总统，但仅限于"叛国、贿赂和腐败"（如总统通过非法手段巩固职位）的事由。[49]但两个星期后的 8 月 20 日，另一个完全不同版本的条款出现了，准许因"渎职、贪污或腐败"而弹劾多位政府官员。[50]这是全新的条款【什么是"贪污"（malversation）？】，措辞宽泛，含义模糊。

9 月 4 日，一个 11 人委员会被任命处理尚未解决的议题，提出了一个更为限缩的条款，仅规定了两项弹劾事由——"叛国或贿赂"。[51]在渎职、贪污和腐败的情况下该怎么办呢？9 月 8 日，代表们重新审议了弹劾条款。在这个版本的条款中，他们增加了罢免总统的事由，但仅是更接近 7 月份时寻求多数观点支持的一种妥协。

从麦迪逊的记录中，我们能看到所有的辩论都非常简短。这是不可不读的资料。如下：

　　梅森上校：为什么弹劾原因只限于叛国罪和受贿罪？按宪法对叛国罪的定义，除非有许多重大而且危险的违反举动，才能判罪。黑斯廷斯①就没犯叛国罪。按上面的定

---

　　① 梅森上校此处指的是沃伦·黑斯廷斯（Warren Hastings），英国殖民地官员，首任印度总督。他从印度卸任返回英国后，被指控在印度任职期间管理不当，并有腐败行为，因而受到弹劾。黑斯廷斯的弹劾从 1787 年（即美国制宪会议召开那一年）开始，直到七年后才终结，黑斯廷斯最终被宣告无罪。

义，只怕推翻宪法也算不上叛国罪。禁止剥夺公权法案曾经挽救过英国宪法，也会扩大弹劾的范围。故提议在"受贿罪"后面，加上"行政渎职"。格里先生附议。

麦迪逊先生：如此模糊的概念，就像"参议院喜欢，就一直任职"一样。

古弗尼尔·莫里斯先生：处罚"行政渎职"实际上办不到，无济于事。每隔四年选举一次，就能避免行政渎职。

梅森上校：撤回"行政渎职"，改为"其他重罪和严重行为不端"。[52]

仅此而已。

值得注意的是，这时明显没有讨论"其他重罪和严重行为不端"的含义。这个用语有点像最终出现并拯救世界的骑士。顺便一提，"行政渎职"（maladministration）这个词并不是梅森空想的。这个词在宾夕法尼亚州宪法中已被使用，实际上是唯一可被弹劾的事由。佛蒙特州采用了此提案，值得注意的是，马萨诸塞州和新罕布什尔州也使用了这个词，用来指危害公共利益。[53]然而，对于现代人而言，麦迪逊的异议看起来很有说服力，对18世纪的人来说显然也同样有说服力。

梅森上校提出范围明显更为狭窄的词语后，该版本以八比三的投票通过。为了清楚起见，条文中加了一个额外的变化。为消除歧义，"反对国家"一词被改为"反对美国"。[54]这两种用语，目的都是确保弹劾适用于危害公众的违法行为，也表明我们所说的是滥用职权（与美国对弹劾的理解保持一致，与时俱进）。

关于弹劾事由，还有最后一道波折。该草案提交给文风和编排委员会（Committee on Arrangement and Style），该委员会删除了"反对美国"的澄清词。[55]这个删除是否旨在扩大弹劾的合法事由？可能性微乎其微。正如其名所示，文风和编排委员会并没有实质性权力（不能否认它做出了一些实质性的修改），而且这种特定修改更有可能是减少冗余。故此，最终的阶段性的弹劾条款针对的是"其他重罪和严重行为不端"。

谁弹劾？谁定罪？

代表们一直在探讨制度问题：到底谁将负责弹劾？谁来负责定罪，从而确保弹劾对象被罢免？这都是些棘手的问题。麦迪逊说有关弹劾执行机关的条款是"合众国宪法中最令人费解的条款"之一。[56]

联邦法院可以通过日常的审判发挥主要作用。或者，可以授权众议院发起弹劾，而由最高法院就弹劾进行审判。詹姆斯·麦迪逊更喜欢这种提案，并将其纳入 8 月的宪法草案。9 月，一些代表认为新订宪法应赋予参议院审判弹劾案的权力。9 月 8 日，麦迪逊极力反对这种议案，即总统将因"任何可以称之为行为不端"的情形下而"不适当地受制于"参议院。[57]与此相比，他还是青睐最高法院。

从古弗尼尔·莫里斯的立场来说，参议院是最佳解决方案，因为"要参议员昧着良心宣誓说总统有罪或举出事实，是不可能的"。[58]他担心，鉴于最高法院大法官是由总统任命的，如果他们有权审判弹劾，其成员"可能为私利扭曲，或被拉拢腐蚀"。[59]莫里斯的观点在宪法定稿前占了上风，在诸多不完美的解决方案中，这个观点显然被认为是最不差的那个。这个方案的绝妙之处在于要求参议院三分之二多数同意才能定罪，以确保只有在达成共识的情况下才能启动弹劾。

正如大家所见，制度性安排可以起到法律标准的作用，反之亦然。如果想保护总统免受不正当的弹劾，那么就可以选择一个低一点的标准（如渎职），但辅之以制度约束，同时确保该制度约束的标准永远不会达到。

显而易见，宪法选择了高标准（重罪和严重行为不端）和制度约束（两个机构参与弹劾，以及要求参议院三分之二多数同意定罪）。在制宪会议上代表们没有对这一事实进行讨论，这点毫无疑问。事后，汉密尔顿明确表示他清楚知道在做什么：

> 议会两院的分工是：众议院担任起诉，参议院负责裁判；避免使同一些人，既当被告，又当法官；防止两院中任何一院，因党派精神盛行，施行迫害。参议院内三分之二的议员取得一致意见，才能定罪；有了这个补充规定，无辜者的安全，受到了他所应得的完整照顾。[60]

让我们强调一下他的观点。如果我们坚持的话，"我们人民"

可以罢免一位总统，但必须接受严酷的检验。顺便提一下，伟大的法国理论家阿历克西·德·托克维尔在这一观点上与汉密尔顿意见相左。他认为对弹劾和定罪的处罚如此轻微（仅仅是离职），这个手段将会被经常被使用。但最终还是汉密尔顿赢了。

问题的答案

由于没有讨论"重罪和严重行为不端"的含义，制宪会议的辩论留下了无法回答的重要问题。但他们确实排除了两种状况。

第一种状况是允许众议院和参议院在自己想要的时候就可以告诉总统"你被解雇了"。谢尔曼赞同这个观点，但麦迪逊不同意。莫里斯和梅森也不同意。[61] 第二种状况将弹劾的事由限制在叛国、贿赂和腐败的情况下，从而允许总统犯下"许多重大而危险的罪行"。梅森不喜欢这一提案，但麦迪逊同意了。[62]

为了明白他们达成的共识，我们需要了解梅森精炼、浓缩的论点。他提到了宪法规定的狭义的叛国罪，这点他说得有道理。宪法规定，"对联邦的叛国罪，只限于对联邦作战、叛投联邦的敌人、给敌人提供援助和方便"。这句话相当模棱两可，虽能让大家想象出不忠和腐败的样子，却难以想象什么是对联邦"作战"，或"叛投联邦的敌人、给敌人提供援助和方便"。

梅森对叛国罪定义的顾虑，可以解释他为何提及黑斯廷斯——即英属印度总督沃伦·黑斯廷斯，他曾因遭受长达七年的弹劾审判而被大肆宣扬。伟大的埃德蒙·伯克负责起诉，他指控黑斯廷斯独断专行、不尽职守、贪污腐化，在签订条约中有欺诈和腐败行为。黑斯廷斯最终被无罪释放，但对代表们来说，梅森的观点显然很有说服力：如果总统做了黑斯廷斯所做的那些事情，就不应该留任，即使他既没叛国也没收受贿赂。

梅森还强调，美国宪法禁止"公民权利剥夺法案"（bills of attainder），即立法机关对一种或几种犯罪行为进行规定，对其犯罪者可不经审判即处以惩罚。英国是准许公民权利剥夺法案的，但根据美国建国文献，议会被禁止依法裁定（由某些大公司负责人、工会领导人或总统犯下的）犯罪行为。代表们同意弹劾需要进行审判，并且必须由法院而非立法机关来定罪。梅森对这个原则没有疑义，但他坚信这会产生一个问题，因为这剥夺了国会对抗总统不法行为的一个重要工具。缺少了这个工具，弹劾事由就必须打破叛国和贿赂的限制。

当梅森上校撤回"行政渎职"一词，并用"重罪和严重行为不端"替代时，他似乎认为这个词可同时顾及他和麦迪逊的顾虑。无论"重罪和严重行为不端"的确切含义是什么，此词包括"重大而危险的罪行"。[63]这很重要。

仅就此而言，大家可能会跟其他代表一样，想知道为什么权力分立和总统任期限制依然不能解决问题。如果真正的问题是问责制和避免君主制，那么宪法的其他部分能否担起重任？毕竟，国会制定法律，总统有义务保证法律得到良好执行。总统是被选举出来的，一旦他上任，就很难永远在任。弹劾又能实现什么通过其他方式无法达到的目标呢？

从美国历史角度看来，提出这个问题没什么不妥。正如我们所知，弹劾极为罕见；如果我们仅关注总统弹劾，样本会非常少。但国父们坚持采取预防措施来应对不太可能会发生的情况。他们非常关注总统在任期第一年、第二年、第三年或第四年内出现严重渎职的风险。

他们也知道威慑的力量。想一下达摩克利斯之剑的古老故事，有人说，"剑的价值不在于落下，而在于高悬"。弹劾之剑的重要性在于它有时会落下。但对于"我们人民"来说，高悬弹劾之剑也很重要。

第四章

民心所向

　　虽然制宪会议上的辩论具有深刻的启发意义，但在宪法批准过程中却是一直保密的。这意味着批准宪法的人无法查阅这些辩论。[1]从这个角度来看，我们有充分理由相信，如果真的想知道弹劾条款的含义，应该把重点放在宪法批准的公众辩论上，这有助于解释"我们人民"应怎样理解宪法条文。

　　无论用什么方法来解释宪法，都应该优先考虑宪法文本。但"重罪和严重行为不端"一词的含义无法做到不言自明；英国人的理解虽然有用，却远非定论。正如我们所见，在为何以及何时罢免高级官员的问题上，美国人一直在发展属于自己的、鲜明共和主义色彩的理解。更重要的是，那些为维护宪法并试图解释其含义的人，他们关于弹劾的观点与麦迪逊和梅森的观点非常吻合，而这偏离了制宪会议的最终辩论结果。

　　"重大危险罪行"理念是对宪法批准者观点非常好的浓缩——至少我们知道这些罪行包括严重滥用或不当使用职权。与此同时，即使全国大部分地区竭力反对，糟糕的决策或政治上的反对决策也不能成为弹劾事由。与其他一些民主国家不同，美国没有不信任投票机制。

那些赞成批准宪法的人们似乎对弹劾的合法事由有着相当宽泛的理解，比在费城制定弹劾条款的国父们所理解的更为宽泛。这不难理解。国父们的目标是维护宪法文本，并表明它足以体现共和制，而不会走向君主制。为了让宪法通过批准，有必要让公众相信宪法没有背叛独立革命的宗旨，而且"我们人民"能够充分地制约总统。不过反对意见也非常激烈。

那些不赞成批准宪法的人认为，宪法是对美国人民为之所奋斗的理想的背叛；对他们而言，这完全背离了 1776 年的政治承诺。[2] 回应这个观点的一种办法就是强调弹劾的作用。如果我们想知道 1787 年宪法的理性读者对其含义的理解，那么捍卫宪法批准的辩论大概是最佳资料。

虽然在批准宪法辩论期间的声音莫衷一是，也不太清晰，但可以将其适当总结如下：如果总统在职期间涉嫌严重背离公众信任，那么他可能会被弹劾、定罪和罢免。可以肯定，触发弹劾的行为需要是有关重罪和严重行为不端的作为或不作为。当然，我们必须明确这种理念的内涵，但宪法批准的辩论也大有裨益。

汉密尔顿及其他人

一如既往，汉密尔顿是一个非常好的着手点。在《联邦论》第 65 篇中，他解释道：弹劾的"司法对象"涉及"滥用职权或背离公众信托。这类案件的性质，称之为政治案件，特别适合，因为这类案件，主要是直接伤害社会"。[3]

这看起来可能既模棱两可又乏味，但它是有实质内容的。"重罪和严重行为不端"是滥用职权或违反了公众信托的行为。此外，我们谈及的并非私人不法行为（盗窃、斗殴、未支付租金），而是明显涉及政治的犯罪。那么，汉密尔顿的主张应该被视为宪法文本理念的回响，代表们不久后达成了一致，对相关的重罪和严重行为不端的认定应当确认为"对美国不利"。

还需要注意的是，谨言慎行的汉密尔顿尊重梅森的顾虑。他并未明言弹劾事由只能是叛国、贿赂或刑事犯罪。他小心翼翼地避开此类措辞，而是宽泛地强调"滥用职权或违反某些公众信任"。这个措辞似乎仅仅是对"重罪和严重行为不端"这一术语的简单概述。

宪法的支持者在各州的批准辩论中，用同样的措辞为新任行政官进行辩护。他们把弹劾说成是为对总统严重不法行为的审查，并非针对决策错误或有争议的政治决策，而是针对滥用职权。

有些民众担忧总统可能对其他国家过于友好。他们强调弹劾是对腐败和腐败条约（即有意地对其他国家有利，而非对美国有利的条约）的审查。一名宪法捍卫者竟然激进地认为"像其他公职人员一样，总统即使自身遵纪守法、行为可靠，也会因恶政而被弹劾"。[4]虽然制宪会议的辩论过于宽泛，却也反映了某些民心所向。

在弗吉尼亚州，麦迪逊回应了这种担忧，即总统可能利用法定人数要求（出席参议员三分之二多数）确保条约批准，从而造成少数州的参议员可能损害其他无参议员出席会议的州的利益。麦迪逊说："如果总统做出只召集几个州这类非常恶劣的事情，他就会被弹劾和定罪，因为大多数州都会受到他严重行为不端的影响。"[5] 从现代观点来看，这种特定假设看起来可能有点疯狂，但它反映了一个更宽泛的原则。犯罪并非弹劾的必要条件。如果总统施以暴政，对多数州造成损害，即使不构成违法行为，他也会犯下"严重行为不端"。

乔治·梅森担心总统赦免权力的宽泛性："他可能会经常赦免由他建议而犯下的罪行……如果他有权在起诉或定罪前行使赦免权，难道不可以停止质询并阻止侦查？"麦迪逊回答说："在这种情况下，大家可能没注意到有一个补救手段，如果总统与任何人或任何可疑行为有关联，那么我们就有理由怀疑他会庇护自己，众议院可以弹劾他；如果被判有罪，则可以罢免他。"[6] 在麦迪逊看来，"这非常稳妥"。如果总统因腐败而使用赦免权，赦免由他建议犯下的罪行（从而庇护不法行为），弹劾即是补救手段。

同样在弗吉尼亚州，埃德蒙德·伦道夫对他的看法进行了解释，即宪法并没有使总统过于强大。"四年任期结束后，他可能会离职，"他直言不讳地补充道，"如果他行为不端，他可能会被弹劾，在这种情况下，他永远不会再次当选。我不认为他的权力过分强大"。[7] 在一周后的简短评论中，他把弹劾与薪酬条款关联在一起，强调"这是又一条阻止……总统从外国获取薪酬的条款。如果情况属实，他会被弹劾"。[8] 从国父们的角度来看，这种关联非常有意义。薪酬条款保护国家利益，以免政府官员因接受外国礼物而妥协退让。如果违法行为发生，弹劾就是补救措施。[9]

北卡罗来纳州也有重要讨论。詹姆斯·艾尔戴尔（James Iredell）的言论最具有价值，他曾是位备受尊敬的律师，后被任命为最高法院大法官。艾尔戴尔说："我能想到总统被弹劾的唯一情况，就是他收受贿赂，基于腐败或其他原因而行事。"[10]但他也说，任何一个"恶棍"都应该"受到严厉的惩罚"，而"总统向参议院提供虚假信息，必须受到惩罚"。他补充说："他要规范所有与外国政权的来往，他有责任向参议院披露得到的每一份重要情报。"如果他"隐瞒了他应披露的重要信息，并使参议院做出了有损国家利益的行为"，他就犯下了"严重行为不端"。[11]

艾尔戴尔强调了弹劾的威力，"对社会造成重大损害的行为会导致弹劾"。[12]但他也强调对这种权力予以限制，"上帝不会让世界上任何一个国家的人因为想要公正的审判而受到惩罚。我们在此讨论的并非这种情况……一个人无论犯下什么样的错误，他都不该因想要公正的审判而受到惩罚，也不应让他的子孙后代因此蒙羞"。[13]

在纽约州，一位代表引用了汉密尔顿的宽泛用语："他应对滥用职权负责，人民代表可以随时弹劾他。"[14]在独立革命爆发的马萨诸塞州，一些宪法捍卫者提出了不同观点：认为弹劾是保护自由的工具。以"卡西乌斯"（Cassius）笔名撰写过颇有影响力的文章的詹姆斯·苏利文（James Sulivan）宣称："因此，无论职位多高的行政机构，都不能保护那些胆敢侵犯国家自由或鼓励无耻之徒践踏人权的恶棍。"[15]在我看来，这点很关键，甚至是决定性的，因为这种说法把弹劾的威力与美国独立战争本身关联了起来。因此，侵犯自由或人权是一种可弹劾的罪行——即使它本身并不构成犯罪。

埃尔布里奇·格里、乔治·梅森和埃德蒙德·伦道夫在费城拒绝签署宪法（部分原因是因为宪法缺少权利法案），三人联合以笔名"美利加努斯"（Americanus）发表了一系列信件。第一篇信件下了一个宽泛的断言，总统权力"要受到限制，为了消除对影响力和优越感的各种顾虑。无论任何时候，只要他被野心驱动，被激情蒙蔽，或鲁莽地逾越了自己的权限，他就会被弹劾和罢免；之后，将依法受到起诉、审判、判决和处罚"。[16]

这句话信息量很大。但同样，它超出了大多数人所说的范围。几乎每位美国总统都不止一次有权力越线的情况，在这个意义上，总统的政府已经做了一些不合法之事。有些行动可能是野心或激情的产物。富兰克林·罗斯福总统曾非法地向英国运送武器以协助该国抵抗希特勒的侵略。杜鲁门总统曾非法没收国家钢铁厂以维持朝鲜战争期间的生产。美利加努斯之言似乎很有道理，却没有真正掌握宪法文本的内涵。但这些言辞也大有裨益；它让我们知道美国人民被灌输了什么。

批准后的线索

宪法批准后，我们也能找到一些重要的线索。在第一次国会期间，人们普遍担心总统会滥用职权，无正当理由罢免行政官员。麦迪逊回答说，如果他如此行事，"在参议院之前，众议院就可以因行政渎职而罢免他；因为我认为随意罢免有功官员会让他被弹劾并被罢免"。[17]

哇！这是合法弹劾事由的一个宽泛含义。但也让人困惑：麦迪逊不是尤为反对总统因"行政渎职"而被弹劾的观点吗？

解决这个疑惑，最好的办法是强调麦迪逊所谈的并非一般的行政渎职，而是指"随意"罢免"有功"行政官员的特定行政渎职。麦迪逊认为这是一种严重行为不端。同样，这不会是犯罪。但正如我们所见，总统也可以因非犯罪行为而被弹劾。

其他人也所见略同。1791 年，詹姆斯·威尔逊在他的《法律演讲录》（*Lecture on Law*）中指出，"在美国和宾夕法尼亚州，弹劾仅限于政治理念、政治犯罪和轻罪以及政治报复。"[18]他补充说，宪法中的"弹劾、罪行和可弹劾罪行"不应该被认为是"普通法学意义上的犯罪。它们建立在不同的基础之上；受不同的准则支配；以不同的对象为客体"。[19]最高法院大法官约瑟夫·斯托里（Joseph Story）用相似的措辞，把可弹劾违法行为描述成"违反公众信任和义务的行政官员所犯下的违法行为……因此，严格来说，权力具有政治品格，所以它尊重社会对其政治品格的伤害"。[20]

一位早期评论员威廉·绕勒（William Rawle）甚至说："弹劾合法事由……仅限于公众人物和官方职责……一般来说，政府官员所犯下的一般罪行不是弹劾的司法对象。"在他看来，"谋杀、入室盗窃、抢劫以及所有职权无直接关联的罪行……应留待一般司法程序进行处理"。[21]

这是一个有争议的观点（我也会对此提出异议），并且，从历史来看，以谋杀罪等为弹劾合法事由是说得通的。但人们普遍认为，弹劾旨在启动一个程序，罢免滥用职权的政府官员。

立足之处

建国伊始，宪法框架的核心元素已经就位。弹劾可适用于严重"滥用职权"。有些犯罪行为不归入此类，因为它们本质上是私人行为（逃税、打人、超速）或因为它们不够严重。尽管有些罪行不是犯罪，但仍然是可弹劾的——惩处政敌、践踏自由、决定放假一年、蓄意向国会和美国人民撒谎。这些行为被视为严重的"严重行为不端"。

某些情况下，可以认为不当行为是不适用弹劾的，因为它无法被归入可弹劾行为的范畴（有些总统行为不佳，但他们不会因此而被弹劾）。在某些情况下，可以毫无疑问地认定不当行为是可弹劾的，因为它明显可被归入可弹劾的范畴。在难以判断的情况下，我们必须对不当行为的严重程度做出判断：不当行为或滥用职权是否足够严重？但即便如此，建国时期的顾虑也会给我们指引方向。

关于宪法，最好避免两个错误。第一个错误是认为宪法文本的措辞比字面意思更精简、更具有高度概括性。宪法保护"言论自由"并使总统成为"总司令"，这些措辞具有实际意义。但实际情况错综复杂。即使在共和主义的语境中，"重罪和严重行为不端"这一术语也留下诸多未解的难题。即使你再怎么盯着你想要的词句，再怎么阅读汉密尔顿、麦迪逊、梅森和其他国父的著作，也无法找到解决每一个未解之谜的答案。

第二个错误是从未解难题中得出结论：我们实际上茫然不知所措，或者认为重罪和严重行为不端可以由众议院随意认定。但并非如此。沉浸在共和主义中，心中铭记着君主制的遗产，宪法制定者和批准者给我们搭建了一个框架。这意味深长。

第五章

解释宪法：一段插曲

国父们的理解真的重要吗？21世纪的美国人真的应该在乎18世纪后期美国人的想法吗？我们为什么要这么密切关注已经作古的人？这算不算是某种祖先崇拜？

对于某些人来说，这些问题的答案是显而易见的：**宪法的含义是由批准者的理解来确定的**。如果你对这个答案充满信心，可能会觉得探讨宪法解释的争议是没有必要的。诚然，批准者的理解会遗留一些问题。即便如此，那些先人的理解才是出发点。但对于其他人来说，历史性的探询令人费解。在他们看来，宪法的含义应由**我们**而非18世纪的人来确定，而且应当由当代人确定弹劾条款的含义。

为了领会历史的作用，我们需要就宪法辩论中最激烈的问题发表一些看法，争论的双方都是睿智且理性的人。在那些辩论中，平常很冷静的人也会彼此发火。至少，他们有过激烈的争执。

例如，瑟古德·马歇尔大法官认为，宪法含义并未被时间冻结，这点非常清楚。正如他在1987年写的那样："我打算把宪法当成活的文件（a living document）来庆祝这次的 200 周年纪念。"[1] 他认为，我们不应该用批准宪法时批准者的所思所想来回答宪法问题。

然而，大法官安东尼·斯卡利亚（Antonin Scalia）对"活的文件"的理念深恶痛绝。他认为宪法条款的含义在批准时就确定了。正如他在 2008 年所说的那样："如果你认为宪法本身不是静止的，而是随着时代的变迁说出其应当说的，即人们想要它说的内容——你大概已经扼杀宪法的全部宗旨了。这恰恰就是'活的文件'所赐予你的。"[2]

从大方向来说，每个人都同意宪法**文本**具有约束力。[3] 几乎每个人都对宪法文本的原始含义感兴趣。但有些人，如斯卡利亚大法官，标榜原始含义具有权威性，而其他人，如马歇尔大法官，随时都可以弃之而去。关于人民的权利和美国政府的运行，两个阵营鸿沟凸显。

虽然那些辩论看起来有点书生意气，但它们也能让坚持共和制的意义这一问题永葆生机。马歇尔大法官和斯卡利亚大法官对该问题的答案有天壤之别。关于弹劾，斯卡利亚大法官的观点相对直白。我想，马歇尔大法官会同意他关于弹劾的观点。但这需要几页纸的篇幅来解释原因。

死者没有权利解释

相信"活的宪法"的人声称：宪法文本包含抽象、开放性的措辞，其含义是以国父一代无法想象的方式合法演进的。有时他们会引用有史以来最伟大的思想家之———托马斯·杰斐逊来支持他们的论点：

> 有些人以敬畏之心看待宪法，把宪法视为盟约之弧（arc of the covenant），太神圣而无法触及。他们将上一个时代的人归为智者而非普通人，而且认为他们所做之事无懈可击。我很清楚那个时代；我属于那个时代，并对之饱含热忱。它当之无愧地应受到国之赞誉。那个时代也很像我们这个时代，只是缺少我们现在的经验；40 年的政府经验抵得上一个世纪的纸上谈兵；如果他们死而复生，也会这样评价自己……我也知道，法律和制度必须与人类思想的进步与时俱进。随着社会发展，更加开明，随着新发现的取得，新的真理被揭露，风俗和理念也随着环境变化而变化，制度也必须发展，与时俱进……死者没有权利解释。[4]

1787 年以来，美国人所学到的东西无以计数，我们的风俗和理念发生了巨大变化。制度与权利已经有了十足进步。奴隶制已经被废除。女性有了投票权。

诚然，这些变化是通过宪法修正案来实现的，但即使没有文本的修正，我们对宪法中 18 世纪措辞的理解也远远超出了国父一代的设想。现在的宪法保护妇女不受联邦政府和州政府的歧视——虽然国父一代不反对这种歧视，虽然南北战争后的宪法修正案在颁布的时候也不能被理解为禁止这种歧视。宪法现在禁止联邦政府实行种族歧视——虽然按照对宪法条文的最初理解，没有任何条款是禁止这种歧视的。（机敏的读者会立即问南北战争后批准的平等保护条款——但该条款仅适用于州，而非适用于联邦政府。顺便提一下，对平等保护条款最初的理解并没有禁止州一级的学校实行种族隔离，这个观点要更为妥当。）

我们的言论自由原则比宪法国父们所认为的范围要更广。宪法文本没有变，但我们对文本的理解却已经变了，这也使得我们更加自由。现在对政治异见者非常广泛的保护肯定超出了建国时期的理解。我们宪法保护使用避孕药具的权利、选择堕胎的权利以及同性结婚的权利，但没有任何宪法条款的原初理解是要保护这些内容。如果对宪法条款的解释需要符合批准者的原初理解，那么我们的宪法体系将完全不同，面目全非，差强人意。

如果我们抛弃所有的历史包袱，而由自己来决定何为重罪和严重行为不端，也许会做得更好。为什么不呢？

原旨主义者

包括大法官斯卡利亚在内，许多人都被"原旨主义"这一理念所吸引，深为信服。大多数原旨主义者坚持认为，宪法条文的原初公共含义（original public meaning）是终局性的。在他们看来，子孙后代以及法院都无权超越原初公共含义。

原初公共含义是指在批准宪法条款时对宪法条款的通常理解。

有些原旨主义者认为，重要的是宪法制定者的原始意图——但他们只是少数。斯卡利亚大法官和他的信奉者不谈及任何人的意图，而是询问这些条款最初被理解的含义。这个区别貌似很细微，但很重要。意图是深藏于人们头脑之中的。而相对而言，公共含义是一个客观社会事实。在第二章中，我谈到了很多关于意图的内容，但大多数原旨主义者会淡化制宪会议中的辩论（因其是秘密进行的），而是强调宪法批准过程中的辩论，因为它们提供了弹劾条款原初含义的证据。

倘若原旨主义是宪法解释的正确方法，那么很多宪法问题就会更容易回答。想象一下，在 18 世纪后期，"言论自由"这个词的原初公共含义本应授权政府禁止商业广告和色情内容。原旨主义者坚持认为在 21 世纪未经选举产生的法官应该受到"我们人民"判断的制约。[5] 法官无权超越原初含义，去援引他们自己对"我们"应如何理解"言论自由"的判断。这是滥用司法权威，违反法治。原旨主义者认为法律解释的首要任务是追寻历史。在许多情况下，这可能是唯一的任务。如果"我们人民"想要修改宪法，我们当然能做到。但宪法修改不能通过宪法解释来合法进行。

在如今的联邦最高法院，大法官克拉伦斯·托马斯（Clarence Thomas）和尼尔·戈萨奇（Neil Gorsuch）信奉原旨主义。诚然，他们的解释方法留下许多问题，因为历史可能是隐晦含糊的，但这似乎是一个令人敬仰的立场。这有什么不对吗？

活的宪法

　　许多拒绝原旨主义的人认为，**国父一代并不打算把宪法含义冻结在他们那个时代**。所以，原旨主义不攻自破。有人主张，制宪者和宪法批准者也不是原旨主义者，他们有先见之明，知道杰斐逊的意思。最好的证据是他们采用了宽泛的措辞（言论自由、自由、法律正当程序），这些词的特定含义必然会随着时间推移而变化，在新处境下包含新的内容。最高法院大法官安东尼·肯尼迪（Anthony Kennedy）2015 年在判决书中写道，所有州都必须承认同性婚姻。

　　　　在我们自己的时代，我们可能没法看清楚不公正的本质。撰写和批准《权利法案》和第十四修正案的那几代人，并不认为自己对自由有全方位的了解，所以他们授权子孙后代捍卫宪法、保护所有人享有自由的权利。当宪法的核心保护与公认的法律结构产生分歧时，必须主张自由。[6]

　　许多人都很欣赏这段文字（也有很多人厌恶）。无论对与错，肯尼迪大法官在此提出了一个重大的理念，他并不是第一个提出这点的人。这个源远流长的主张认为，国父一代"委托子孙后代捍卫宪法"，因此宪法的具体含义取决于我们，而不是他们。所以，富兰克林对鲍威尔夫人的回答也不仅仅是历史的回声。

　　保持共和制的方式并非是忠于宪法文本，而是明确我们对"自由”一词具体含义的理解。正如一些宪法理论家所说的那样，文本规定了一个宽泛的“概念”，而非一个具体的“观念”。概念没有变化，但观念变了。

肯尼迪大法官把他对宪法解释的观点与民主价值观关联起来。宪法权利的含义发生变化，是因为社会的共识在发展，法官应对那些不断发展的共识保持警觉。毕竟，我们不会把现在的自由当作他们几百年前看到的自由。宪法的机构性条款也是如此，如国会被授予“宣战”的权力。这些条文规定可以用忠于原文的方法来解释，但并非是 18 世纪时对这些措辞的理解。从那时起，世界发生了翻天覆地的变化，美国在世界上的角色也是如此。或许我们应该以一种承认沧海桑田之变的方式来理解国会的权力——例如在达不到全面“战争”的情况下，允许总统自行使用武力。

肯尼迪大法官是对的吗？注意，他的观点似乎与历史以及国父一代真正想要做的事相关。在专业历史学家中，这一观点引起了极大争议。国父一代是否真的希望后代和未经选举任命的法官通过他们“学到”的自由含义来重新解释宪法呢？或者他们试图限制子孙后代和法官对他们所写文件的最初理解呢？他们是否承认“重罪和严重行为不端”一词观念的发展变化，或者他们是要冻结这一概念？鉴于他们的种种顾虑，有充足的理由证明他们打算冻结它！

许多反对原旨主义的人对此有不同看法，而这个看法也更为根本。他们认为他们反对的与国父一代要做的并不相关。他们不依赖肯尼迪大法官对古人判断和理解的主张，也不相信时光机。他们坚持认为基本问题就是如何解释宪法，大家不能通过追寻历史来解决这个问题。这是**我们**不可避免的问题。

例如，假设国父一代对"言论自由"的理解比较狭窄。假设他们相信，希望并期待子孙后代受到这种狭窄观点的制约。我们会受此制约吗？显然，不。**我们是否受制于原初理解，取决于我们是否在原则上断定我们应受到原初理解的制约**。反对原旨主义的人认为，如果我们认定我们不受制约，那么我们的宪法秩序会好得多。他们认为，至少个人权利方面（无论环境和价值观是否变化），又或许宪法结构也会变得更宽泛（同样，无论环境和价值观是否变化），我们会更好地遵循条文并尊重原初理解，而不是受到严格的制约。

我认为，这是肯尼迪大法官的最佳观点。他认为如果我们让宪法采纳宽泛原则，而让具体内容随着时代而变化，我们的权利体系会更好。也许弹劾条款也是如此。

传统、民主、道德

如果我们抛弃国父一代的观点，我们该怎么办？会出什么事吗？几乎不会。别忘了，我们是受文本制约的。问题是当文本含糊不清或模棱两可时，应该转向何方。

有些人，如费利克斯·弗兰克富特（Felix Frankfurter）大法官，强调随着时间推移密切关注民族传统的重要性。传统主义者不仅仅关注国父一代，他们求诸于几十年和几个世纪以来的美国实践。他们坚持认为实践的权重很大。

想一下，几十年来国会和总统一致同意，只要武力使用受限且未达到全面战争，总统有权自行使用武力，无需国会批准。当然，宪法把"宣战"的权力授权给了国会。但如果总统长期使用武力而未经国会批准，这就涉及我们对宪法的解释。正如弗兰克富特大法官说的那样，传统为文本增添光彩。在许多涉及国会和总统权力的问题上（例如何时总统可以进行休会任命），传统与宪法决策高度相关。在弗兰克富特大法官看来，长期存在的传统可以帮我们解释含糊不清的文本，甚至可以凌驾于原初理解之上。

　　其他人则没那么重视传统，而更注重于自治本身的概念。史蒂芬·布雷耶（Stephen Breyer）大法官认为，一种充满朝气的宪政理念是"积极自由"，意味着由"我们人民"进行积极自治。[7]在布雷耶大法官看来，我们应该用心中的这种宪法理念来解释含糊不清的宪法条文。"积极自由"的一般理念可以胜过原初理解。布雷耶大法官并不是原旨主义者——实际上他是斯卡利亚宪法解释方法的强烈批评者，遇到文本含糊不清之处，他会援引民主理念来处理。

　　积极自由的信徒尤其怀疑任何对人民投票权的限制。他们会倾向于认为，根据平等保护条款，任何偏离"一人一票"的观点都是无效的；他们希望摧毁那些让人们难以登记投票的势力。如果"我们人民"要接受一些扩大或缩小总统权力的体制改革，那些相信积极自由的人会予以拥护。

　　还有一些人，其中最著名的就是罗纳德·德沃金（Ronald Dworkin）教授，他主张对美国宪法进行"道德解读"。这意味着我们必须遵循宪法的规定，而且要用最高的道德感来解读。在德沃金教授看来，我们有义务忠于宪法文本。如果我们没有忠于宪法文本，也根本就不是解释宪法。但对于宪法中含糊不清或模棱两可之处，我们不应该成为历史学家，没必要弄清楚国父一代的想法。相反，我们应该为自己思考，从道德角度来看，怎样才能使宪法条文更好。

例如，如果平等保护条款被解释为禁止种族隔离，那么从道德角度来看，这就比其他解释更具吸引力。如果酷刑或异常惩罚条款（the cruel and unusual punishment clause）被用来禁止酷刑，那么这就是对人权的更好保障。[8]德沃金教授直率地承认，如果认为法官是"道德解读者"，他们有时会不赞同这一点。在他看来这不要紧。他们恰恰是对什么是正确的事情有不同的看法。

三条死路

弗兰克富特大法官、布雷耶大法官和德沃金教授对宪法解释提出了非常有说服力的概括性观点。但在弹劾的语境下，他们的方法没有前途，都是死路一条。

如果你是传统主义者，你会问，关于弹劾，美国人实际上做了什么？自 1787 年以来，我们是怎样理解重罪和严重行为不端的？这些都是合理的问题，但正如我们很快就会看到的那样，传统并没有给出明确的答案。弹劾案例总数很少，弹劾总统的案例尤其少。如果我们想了解我们的传统，就需要把众议院有理由行动而并**没有**进行弹劾的案件包括进来。问题在于，我们无法在历史中分辨出任何与重罪和严重行为不端类似的清晰理解。正如格特鲁德·斯坦（Gertrude Stein）写到奥克兰时说："空无一物的地方。"（好吧，这对奥克兰来说是不公平的。但仍然如此。)

如果你相信积极自由，可能会倾向认为"我们人民"应该被允许定义重罪和严重行为不端，不管我们想不想。但从麦迪逊的理由来看，这会是个可怕的错误。这会允许因激烈的政治分歧而启动弹劾。这将远远超出本就很宽泛的"行政渎职"。这会让权力分立制度变成一团糟。

如果你相信道德解读，你会想问对重罪和严重行为不端的最好道德理解是什么？祝你好运吧。这个问题会导致混乱。人们意见相左，他们的不同观点将不可避免地反映他们的热忱或冷漠。这不是管理政府的办法。

弹劾的历史

对接受原旨主义的人来说，历史资料是确凿的。在其提供指导的范围内告诉我们应了解什么。诚然，总有一些疑难问题。但对原旨主义者来说，这些问题必须始终在国父一代指定的宪法框架下进行探索，而非由现任众议院议员、总统最激烈的捍卫者、总统最激烈的批评者或某些专栏作家、法学教授来编造。

但即使你在总体上不喜欢原旨主义，你也可能会因为弹劾而喜欢上它。这看起来好像是投机取巧，但它有清楚明白的逻辑。弗兰克富特大法官、布雷耶大法官和德沃金教授用自己不同的方式关注着环境和价值观的变化。对像"自由""平等保护"和"正当程序"这样的词，他们不想冻结原有的理解，而是要融入新的理解。这言之有理。但就弹劾而言，1787年所面临的问题与我们今天所面临的问题并无太大区别。当然，总统的力量变得大得多，而且可以肯定的是，他可以犯下国父一代无法想象的"严重行为不端"：无人机和核武器的使用、电子邮件的监视、《清洁空气法案》下的职权滥用；但在引发叛国、贿赂、腐败、严重滥用公众信任或滥用总统职权的抽象问题上，与我们现在所关注的问题没什么不同。**它们别无二致**。

还有一点。许多宪法法律，包括对宪法权利的共识，都是通过逐案判决的严谨过程逐渐发展的，其中详尽细致的原则是在好几十年里才确立下来的。言论自由、防止非法搜查与扣押的权利，以及法律平等保护都是如此确立的。在几十年后，法律往往会多出很多意义。美国人民生活在法律中，有时甚至敬畏它。如果通过长期的历史研究表明，随着时间累积建立起来的含义与亚历山大·汉密尔顿、詹姆斯·麦迪逊和以法莲·伍德在1791年所认为的含义不一致的话，就摧毁整个宪法法律体系，这是相当激进的。从不激进的斯卡利亚大法官曾经宣称他是一个"胆怯"的原旨主义者，这意味着他非常尊重先例，如果法院制定了稳定的原则，他通常会遵守这些原则。胆怯的原旨主义是明智的，也是勇敢的。

但就弹劾而言，我们没有很多司法裁决。现在没有，而且永远不会有很多（在适当的时候我会给予解释）。[9] 如果你没有其他可用的根据，可能会倾向于认为，我们不要编造，我们不要隔靴搔痒，而是要弄清楚弹劾条款的原始含义，这种想法就很好。

一旦我们关注原初含义的内容，并想自行解释"重罪和严重行为不端"，我们就会发现这种可能性微乎其微，这种感觉会越来越强烈。那些为美国独立战争而奋斗，不自由毋宁死，打败了英国国王的人，他们经历过《邦联条约》，最后决定设立一位强大的、由选举产生的、可被罢免的行政官来监管他们。他们穿针引线，为我们做嫁衣裳。他们完成了一个奇迹。我们没有理由去偏离他们对宪法框架的理解。我们无法比他们做得更好，如果当初是由我们来做，可能会做得更糟。[10]

诚然，有些人可能认为对重罪和严重行为不端进行狭义理解——仅限于实际犯罪，这样可以避免很多麻烦。但如果总统宣称他不保卫国家防御敌人进攻、不执行民权法律，或者他将在罗马度一年假，倘若这些行为都不能弹劾的话，说得通吗？

诚然，有些人可能认为宽泛的理解会授权众议院随心所欲地定义重罪和严重行为不端，可以防止诸多恶行，与此同时"我们人民"享有更多的控制权。但这种宽泛理解会破坏权力分立制度。它会造成麦迪逊所顾虑的问题。如果上述考虑正确无误的话，那么遵循国父一代设计的宪法框架是合情合理的，并严格遵循他们的理解。

让我们用这个宪法框架来解决具体问题。我相信这些研究会增加而非减少我们对国父一代最初共识的钦佩，也增强我们追随他们的心意。

第六章

美国式弹劾

安德鲁·约翰逊总统和比尔·克林顿总统被众议院弹劾，但参议院拒绝给两人定罪。理查德·尼克松总统在被弹劾之前辞职（因为他几乎肯定会被弹劾）。其他 42 位总统从未面临过严重的弹劾威胁。好吧，一位总统有过，但让我们先卖个关子。

你可能会认为"三个"微不足道，我们没办法从这么少的弹劾程序中学到很多东西。但过去的历史中有很多宝藏可挖。事实上，弹劾案件之少本身就是最重要的一课。

对美国建国文献所设计的制度充满信心的最佳方法之一，就是避免在理由不充分的情况下诉诸弹劾机制。这会将政治分歧转变为对犯罪或严重不法行为的指控。（"把他关起来!"）这可能是激起愤怒和毁灭的最丑恶势力的一种方式。它可能是贩卖虚假新闻、丑闻的结果，或为之火上浇油。它可能危及权力分立制度，也可能会严重破坏社会稳定。它会把举国之力集中到是否罢免其领导人之上，而非集中到如何促进经济增长、减少过早死亡、增强国防或减少贫困等方面。它会激起党派的愤怒，暗示国家政党中的核心人物和全国大选的胜利者不仅仅是糟糕的总统，而且犯下了讨厌和恐怖的罪行。它会导致政敌们痴迷于如何证明那些讨厌和恐怖的罪行，不论它们是否存在。

这是一场国家噩梦，是对共和制的沉重打击，即使这是保持共和制的最佳或唯一方式的情况下。只有当必要时才适用弹劾机制，这点和建国时期的其他指示一样重要，美国一般都遵循这个指示。

史上最糟总统

历史学家会定期对国家总统进行排名。华盛顿、林肯和富兰克林·德拉诺·罗斯福（Franklin Delano Roosevelt）几乎总是排在最前。但我对最好的总统不感兴趣。根据 2017 年对总统历史学家的一项调查，以下是 15 位最糟糕总统的名单。[1] 我按照糟糕程度倒序进行排名如下：

15. 詹姆斯·艾伯拉姆·加菲尔德（James A. Garfield）

14. 本杰明·哈里森（Benjamin Harrison）

13. 扎卡里·泰勒（Zachary Taylor）

12. 拉瑟福德·伯查德·海斯（Rutherford B. Hayes）

11. 乔治·沃克·布什（George W. Bush）

10. 马丁·范·布伦（Martin Van Buren）

9. 切斯特·阿瑟（Chester Arthur）

8. 赫伯特·胡佛（Herbert Hoover）

7. 米勒德·菲尔曼尔（Millard Fillmore）

6. 威廉·亨利·哈里森（William Henry Harrison）

5. 约翰·泰勒（John Tyler）

4. 沃伦·甘梅利尔·哈定（Warren G. Harding）

3. 富兰克林·皮尔斯（Franklin Pierce）

2. 安德鲁·约翰逊（Andrew Johnson）

1. 詹姆斯·布坎南（James Buchanan）

15 位总统中的 13 位总统避开了弹劾调查。哈定、皮尔斯和布坎南几乎总是排在最糟糕总统之列，他们在位期间非常不受欢迎。但也没什么特别针对他们所做的事情。原因很清楚：即使遇到激烈的政治反对，甚至总统的一败涂地已成为了共识，都不足以导致弹劾。在后尼克松时代，吉米·卡特有时被认为是最不成功的总统，但对他而言，弹劾是很荒唐的。

同样值得注意的是，在共和国前 40 年里，众议院没有做过任何严肃认真的弹劾尝试，尽管那段时期出现了一些非常糟糕的总统。当然，反对的声浪和口诛笔伐也是有的。在关于美国、英国和法国之间关系的早期辩论中，乔治·华盛顿总统派出最高法院首席大法官约翰·杰伊（John Jay）到伦敦，在那里的谈判促成了一项有争议的条约《杰伊条约》。肯塔基州和弗吉尼亚州的共和党立法者并不喜欢此条约，他们支持弹劾杰伊，甚至可能包括华盛顿本人。[2] 但他们的努力一无所成。这段时间没发生过重大弹劾，这点很有意思，因为这表明，对国父一代及其继任者来说，弹劾的启动必须要有真正意义上的严重行政不当行为。

弹劾首秀

虽然鲜为人知，但第一次真正的弹劾尝试确实涉及最糟糕的总统之一：1842 年在位的约翰·泰勒总统。

泰勒使用了总统否决权，这成为了突如其来的罪行。在合众国早期，否决权非同小可，而且行使否决权通常是基于宪法，而非从政策角度考虑的反对理由。泰勒偏离了这种惯例：他完全出于政策考量在重要场合使用了否决权。他的政敌发起了一项旨在弹劾他的调查。众议院以微弱多数票通过了一份特别委员会的报告，该报告谴责总统滥用否决权，并为潜在的弹劾奠定了基础，在无具体建议的情况下让他成为了弹劾的"适格客体"。[3]

在中期选举中，当策划弹劾的辉格党人在众议院中失去了多数席位后，这场骚乱平息了。但是在 1843 年初，弗吉尼亚州的约翰·波恩特·博茨（John Minor Botts）发表了言辞激烈的讲话，指责泰勒总统"腐败、渎职、犯下重罪和严重行为不端"，并要求针对令人震惊的一大串违法行为成立调查委员会。这是其中的一部分（可以略去不读）：

第一，我指控他篡夺权力、违反法律，妄图操纵财政部会计官员，命令其支付缺乏法律授权的长期款项，并威胁这些官员倘若不支付就把他们开除；由于此威胁，无数未经法律授权的资金从财政部里被支取。

　　第二，我指控他邪恶无德地滥用职权，卖官鬻爵。首先，他开除了有能力且忠于职守的行政官员，仅仅因为他们应当去附和某人的政治偏好；其次，他罔顾公共福祉和国家责任，企图把行政职员视为自己的附庸。

　　第三，我指控他犯有重罪和严重行为不端，妄图掀起国内动乱，不遵守宪法职责，他在国会记录上声明反对某部立法；招致联邦中的几个州已经反对和违抗国会的这项立法，而他曾批准并宣誓要忠实地执行法律，以避免混乱、骚乱和动乱。[4]

国会举行了唱名表决，以127比83票的多数拒绝了采取弹劾措施的初步提议。[5]

　　抛开博茨的一大串罪名，让我们总结三个方面的观察。首先，弹劾泰勒的案件至少是在弹劾条款关注的一般范围内。博茨视其为严重滥用总统职权，并从这一角度来进行指控。其次，指责泰勒滥用否决权而被弹劾的主张是不攻自破的；后来的历史证明，泰勒的举措合情合理，即总统有权在政策性立法方面行使否决权。最后，博茨指控中的大多数，甚至全部，无论辞藻如何华丽，都是政见上的严重分歧。难怪很多辉格党人与民主党一起挫败了这项动议。

政治

　　三次重要弹劾的最大教训很简单：每次弹劾都是党派斗争。弹

劾是由那些决心推翻他们所鄙视的总统的人所谋求和设计的。汉密
尔顿一如既往地具有先见之明，他在《联邦论》第 65 篇中指出：
"案件会与先此已存在的党派相关，人民会把他们的全部敌意、褊
狭、影响力和利益，倾向一边或另一边；这类案件，总是带着极大
危险，裁决更多地受到党派的相对势力的影响，而不是展现的真正
的无辜或有罪。"[6] 无比正确。

　　讽刺的是，两次有效的总统弹劾是违宪的，甚至是美国应避免
的荒诞案例。但即使"政党相对优势"发挥了巨大作用，因尼克松
辞职而停止的第三次弹劾程序也是宪法勇气的一种体现。

水门事件

　　理查德·尼克松总统是个机敏而精明的人。为了安邦定国，他
明察秋毫，掌控大局并运筹帷幄。他是共和党人，也是保守派，很
难把他归到某一类。他创建了环境保护局，声称洁净的空气和清澈
的水是"每个美国人与生俱来的权利"。[7] 他创建了职业安全与健康
管理局，提高了美国原住民的自主权，签署了禁止高等教育性别歧
视的重要民事权利法案，重新调整了最高法院，平息了美国和苏联
之间的紧张关系。他首次访问了中国。如果列出美国历史上五位最
重要的总统，我们有理由相信尼克松可以跻身其中。

　　尼克松的政敌称他为"狡猾迪克"。他缺乏魅力和感召力。镜
头前，他会不合时宜地出汗。私底下，他可能冷酷无情。他说，华
盛顿"犹太人人满为患"。在他看来，这是个问题，因为"大多数

犹太人都不忠诚"。他的竞选口号之一就是"法律与秩序"。但他似乎并不是很在乎遵守法律。他对美国人民撒谎，树敌众多。

如果你生于 1965 年之前，可能会记得水门事件的论战。如果你生于 1985 年之后，可能就不知道为什么这么多论战最终会成为"门"，如伊朗门、通俄门、州警门、旅行门、火车门、特工门、泰格·伍兹门、泰勒·斯威夫特门（好吧，最后一个是我杜撰的，但不碍事）。简而言之，当时的情况如下：

1972 年 5 月，几个人闯入华盛顿水门大厦的民主党全国委员会办公室。他们在民主党总部电话中安装窃听器，并偷拍有关文件。闯入很成功，当时没有人知道这件事情。但显而易见，这些窃听器会惹祸上身。一个月后，同一个地方又发生了一次盗窃事件。这一次，一名保安人员注意到地下室门上的锁被胶带封上了。他打电话给警察，警察发现并逮捕了窃贼。

整起事件一开始看起来很偶然，甚至很古怪。窃贼对珠宝和钱都不感兴趣。他们只想在电话中安装窃听器。这让人很疑惑：为什么窃贼对偷听民主党全国委员会总部的谈话感兴趣？

事实证明，这件事情与尼克松总统有关联。在窃贼随身物品中发现了尼克松连任委员会的白宫电话号码。白宫是这件犯罪行动的背后主谋吗？为了消除公众疑虑，8 月尼克松发表全国讲话，向公众保证，白宫员工不对闯入事件负责。我记得那次演讲很令人信服。高压之下，尼克松依然正常工作。11 月，他赢得了一场压倒性的胜利，赢得了超过 60% 的选票，并在 50 个州中赢得了不少于 49 个州的选票。他的对手乔治·麦戈文（George McGovern）在总统选举团中以 520 票比 17 票被击败（他赢得了马萨诸塞州和哥伦比亚特区的选票）。

到了后来，人们发现入室盗窃与尼克松的白宫之间确实存在关联。不管尼克松和他的团队是否从某种意义上授意了闯入，他们确实事后安排了向窃贼支付"封口费"，尼克松的白宫幕僚显然想谋求中央情报局的帮助去应付联邦调查局关于入室盗窃案的调查。就本质而言，水门事件是一个掩盖犯罪事实的故事——这不是世界上最糟糕的事情，但也不是好事。能弹劾吗？我们后面会谈到这个。

媒体、司法部和国会的调查结果越来越深入，结果越来越糟。尼克松滥用总统职权的地方远不止对民主党政治人物的监听。鉴于尼克松的非凡才能、他的汗马功劳以及他真挚的爱国情怀，他和他的白宫最终如何收场也是难解之谜。

我个人猜测认为，水门事件是当时政治两极激烈分化的产物，20 世纪 60 年代之后，成千上万的人钦佩尼克松，也有成千上万的人极度鄙视他。共和党和民主党互为敌人，白宫方面出现了非常严重的滥用职权和行政非法行为，这并非一蹴而就，而是通过一点一滴慢慢累积的。总统敏锐的使命感和他的正直，加上对自己的政敌（通常充满仇恨，有时甚至是疯狂）的恐惧和厌恶，使得白宫形成了一种文化，这文化催生了让尼克松在总统第二任任期开始时感到震惊和惊骇的一系列措施（我愿意这么认为）。整个故事冗长又肮脏，你可以在其他地方读到所有相关内容。

让我们把重点放在所谓的弹劾理由上。从正规程序上讲，弹劾程序从起草"弹劾议案"开始，此议案由众议院指定委员会进行编写和表决。如果委员会投赞成票，这些议案将在众议院进行表决。就尼克松案件而言，众议院司法委员会认真审议了若干个弹劾议案。由于他辞职，众议院最终并未进行投票。正如我们如今所知，其中一个弹劾议案非常勉强。[8] 不过，有一个议案为弹劾提出了坚实的根据，另外有两个弹劾议案虽然没那么强有力，但也已足够充分。

否决

美国国税局（IRS）裁定，尼克松在总统任期的第一年，欠税总额超过 40 万美元。值得注意的是他欠税的身份是总统，而非普通公民。

这是一大笔钱（特别是考虑到通货膨胀）。你可以说，能够获得最好法律服务的总统会有这么一大笔欠款，就不仅仅是疏忽了。但逃税并不是弹劾的理由。这不是滥用职权。它与麦迪逊和汉密尔顿所顾虑的，作为弹劾正当理由的重罪和严重行为不端是完全不同类别的违法行为。反对弹劾的投票结果为 26 比 12。[9] 原本应该是 38比 0。（对于投赞成票的 12 名民主党人来说：这不算好。）

可能

众议院和参议院都极力保护自己的特权，尤其是当他们从行政部门查询资料时。他们认真对待调查（即使他们主要或唯一的动机是政治性的）。他们不喜欢被阻挠。就他们而言，行政部门对调查疑虑重重，认为他们正在努力制造政治契机。行政官员不喜欢上交资料。他们极力保护自己的审议程序，无论总统是共和党还是民主党，都是如此。

如果白宫官员关起门来讲秘密，总统的律师不希望国会或公众知道他们说过的话。如果总统本人参与了谈话，行政部门将坚决地抵制披露内容。这种抵制有一个合理理由：如果顾问们想要开诚布公，斗胆提出观点并表达关切，那么让他们明白自己能机密地发表言论是很重要的。考虑到这一点，行政部门甚至可能会主张宪法本身保护总统对事情保密的权利。

1974 年，联邦最高法院同意这一主张，裁定总统有不披露其谈话的推定权利（案件有个绝妙的名字：美国诉尼克松案）。法院强调要开诚布公。在法院看来，如果领导人及其顾问如果不能对他们之间的讨论保密，那么总统将无法行使其职能。与此同时，法院裁定，如果在未决的刑事审判中需要已验证的、具体的证据，可以推翻这一推定权利（所以美国赢了，而非尼克松）。[10]美国诉尼克松案的裁决理由并没有针对立法调查。但你可以阅读法院的裁定，裁定认为如果国会认为总统犯下了某种罪行，如果这种主张有一定的证据支持，并且国会能够强烈表明因正当目的对特定信息有迫切的需要，它可能会得到它想要找的信息。[11]

在法院作出裁决之前，尼克松拒绝遵守司法委员会的传票。司法委员会从这次拒绝中找到了弹劾事由，并以 21 比 17 通过了弹劾指控（民主党 19 人赞成，2 人反对；共和党 2 人赞成，15 人反对）。在第三个弹劾议案中，指控如下：

　　理查德·米尔豪斯·尼克松……在没有任何合法理由
或事由的情况下没有按照委员会签发的正式授权传票提供
文件和物品……并且故意违抗这些传票。委员会认为必须
传唤的文件和物品，可以构成与总统指示、知晓或批准有
关基本事实质询的直接证据，这些指示、知晓或批准已经
有其他证据表明可构成弹劾总统的重要理由。[12]

　　这看起来非常严重。从某种意义上说肯定是这样。但就其本身
而言，不服从传唤并不一定是一种可弹劾的罪行。一切都取决于传
唤的目的。参考下面三类案例：

　　※　传唤要求提交总统和他的顾问之间关于某特定主题的所有
电子邮件，他的律师主张行使行政特权。在某种程度上说，总统有
拒绝传唤的宪法基础，他甚至有善意的正当理由，有权这样做，弹
劾没有合法依据。[13]原因在于，在这种情况下，总统没有任何接近重
罪和严重行为不端的行为。我们不是在谈论大规模滥用总统职权。
相反，我们正在处理不同权力机构之间的冲突。

　　※　传唤是基于对不当行为的怀疑——要求总统提交与他涉嫌
非法逃税有关的所有电子邮件，而白宫拒绝执行。这无法从善意正
当理由的角度来论证行政特权的可行性，但潜在的违法行为也并非
可弹劾行为。在这里，弹劾没有合法的依据。总统应配合合法调查，
但拒绝配合国会调查并不是什么重罪和严重行为不端。国会不能通
过调查不可弹劾的不当行为来制造一个可弹劾行为，并以此与总统
的不配合相抗衡。原因很简单：如果基础行为是不可弹劾的，那么

总统阻止对该行为的调查也是不可弹劾的。（我们可以想出一个更加微妙的掩饰来检验这个主张，我会在适当时候谈及这个问题。）

　　※　传唤是基于怀疑有独立可弹劾的不当行为，比如叛国或贿赂，而白宫拒绝遵从，即使总统没有行政特权，或者没有基于善意的正当理由。我们很容易想当然，认为答案很简单——当国会在调查总统可能涉嫌的不当行为时，如果总统不合法地拒绝配合，当然可以被弹劾！

　　这个答案虽然几乎可以肯定，但还是有不同的看法。一方面，未能遵从（仅仅）怀疑是单独可弹劾行为的传唤，并不像可弹劾行为那么严重。也许怀疑并没有根据，也许这些行为从未发生过，也许总统认为他正在遭受政治迫害，或者至少是出于政治动机而受到诋毁。

　　另一方面，宪法确实赋予了众议院调查是否发生了可弹劾不法行为的权力。如果总统拒绝配合合法调查，而且无法从善意角度论证他在法律上有权这样做，那么就有充分理由相信，他在弹劾条款的范围内犯下了严重行为不端。事实上，这就是正式成为弹劾尼克松的第三个弹劾议案的主张，其中的部分内容已经在上面讨论过了。

　　我自己投票赞成弹劾。如果有合法调查要查明总统是否做了一些可弹劾的事情，总统拒绝配合就是滥用职权。但这不是一个最简单的问题，所以我把它归为"可能"的情形。

弹劾

　　司法委员会在其最终草案中放在首位的弹劾议案提到了水门事

件的争议——即非法进入民主党全国委员会总部"是为了获取官方情报"。[14]没有人主张尼克松指挥了非法闯入。用弹劾议案的话说，他策划了一个精心设计的阴谋用来掩盖事实：

1. 向依法得到授权的调查官员和美国政府官员作出虚假或误导性陈述；

2. 拒绝向来自依法得到授权的调查官员和美国政府官员交付相关重要证据或信息；

3. 同意、纵容、默许和建议证人，向依法得到授权的调查官员和美国政府官员提供虚假或误导性陈述，并在正式提起的司法和国会诉讼程序中作出虚假或误导性证词；

4. 干扰或试图干扰美国司法部、联邦调查局、水门事件特别检察办公室和国会委员会的调查工作；

5. 批准、纵容和默许秘密支付大笔款项，以便让证人、潜在证人和其他卷入非法行为或其他违法活动的个人封口或影响他们的证人证词；

6. 竭力滥用美国政府机构中央情报局；

7. 把美国司法部官员那里得到的信息传递给依法得到授权的调查官员和美国政府官员进行调查的对象，目的是试图帮助和协助这些对象逃避刑事责任；

8. 以欺骗美国人民为目的，编造或促使产生虚假或误导性的公开声明，使其相信对美国政府行政部门人员和总统连任委员会的不当行为指控已经进行了透彻和全面的调查，而且这些人员没有参与这种不当行为；

9. 竭力使潜在的被告和经过正当审判和定罪的个人去期待得到优惠待遇和报酬，以换取他们的沉默或虚假证言，或对个人的沉默或虚假证言给予奖励。[15]

司法委员会以 27 比 11 的大比分投票赞成此议案。但是，这一大比分掩盖了党派之间的巨大分歧。司法委员会中全部 21 位民主党人都投票赞成；17 名共和党人中只有 6 人投票赞成。明确讲，民主党人是一致同意赞成，共和党人则是大多数人投票反对。[16]

这个议案几乎可以肯定确立一个可弹劾的罪行。总统自己的竞选委员会实施了非法行为，以推动他的连任（公然违反民主规范，如果在总统指示下进行，则该行为是可弹劾的）。当这些非法行为被曝光时，总统本应披露这些不法行为却没有这样做，而是运用职务权力，有时甚至违反法律，阻挠人们了解它们。这些徒然增加的指控（一共 9 条！）使该议案让人信服。

确实，在我们现行宪法框架之下，还有另一种观点：使用官方职权来掩盖一个本身并不可弹劾的行为是不可弹劾的。假设总统犯下了一些明显不可弹劾的罪行，如逃税、超速、偶尔使用软性毒品。假设他运用联邦政府的组织机构来降低任何人发现这些罪行的可能性。如果将不回应传唤与这类行为作类比，可以认为这不是重罪和严重行为不端。但这个类比可能不成立。主动、彻底地动用联邦政府的机构权能，至少在上述从第 1 到 9 项指控中反映出来的程度，看起来像是一种足够严重的行为不端。

应该承认，如果我们单独地把一些指控拿出来看，问题会更严峻。第 8 项指控虽然非常可怕，但可能还不足以构成弹劾的理由。

最致命的可能是第 6 项指控。虽然一切都有待于细节的考察，但是让中央情报局参与阻挠披露总统竞选委员会不法行为的举动，无疑是宪法意义上的严重行为不端。

坚决弹劾

根据弹劾条款核心范围内的不同，尼克松被分别予以指控。在第二个弹劾议案中，在同样的党派分歧下，司法委员会的投票与真相掩饰议案的投票结果相同。如果我们假设第二项指控准确地陈述了事实，那么投票应该是一致同意；党派分歧使许多共和党人没有履行宪法义务。

以下三项指控最为猛烈：

1. 他亲自和通过其下属和代理人，为了非法目的，违反公民宪法权利，试图从美国国家税务局获取所得税申报表中所包含的机密信息，并违反了应以非歧视方式倡导和实施的公民宪法权利、所得税审计或其他所得税调查。

2. 他滥用职权，违反或无视公民的宪法权利，指示或授权联邦调查局、特工部门和其他行政人员，以与国家安全、法律执行或任何其他行政合法职能完全无关的目的进行或继续进行电子监视或其他调查；他曾指示、授权或允许将其获得的信息用于与国家安全、法律执行或任何其他行政合法职能完全无关的用途；他曾指示隐瞒联邦调查局电子监视的某些记录。

3. 他本人与其下属、特工违反或无视公民宪法权利，授权和许可在总统办公室内设立一个秘密调查部门，部分资金来自政治献金，该部门非法利用中央情报局的资源，从事秘密和非法活动，并试图损害被告获得公正审判的宪法权利。[17]

对这三个问题进行争辩是一件很难的事情。[18]实际上，当弹劾条款与保护自由直接相关，就触及到了 1787 年马萨诸塞州批准宪法辩论期间所顾虑的核心问题。如果总统以非法方式使用政府资源，破坏民主进程和侵犯宪法权利，我们也就触及到了弹劾条款的核心内容。

如果再遇到这样的问题，让我们坚守共和主义。

性和谎言

在现有的对美国总统的两次弹劾中，没有对任何可弹劾行为予以定罪。从某种意义上说，美国建国文献起了作用：参议院未同意定罪。尽管如此，这个国家的运行并不能算良好。

"水门事件"发生几十年后，对比尔·克林顿总统的弹劾几乎让人搞不懂，至少，如果根据 18 世纪后期辩论来探讨的话是这样。要想得出一个最低限度的可信论点，即克林顿犯了一个可弹劾的罪行，要费很大力气。可他给了他的政敌们一个机会，政敌也乐此不疲。

克林顿的人际交往能力非常强。他也是一位成功的总统，思维敏捷，善于倾听与和解。他代表了一个和平与繁荣的时代。但他与尼克松有一些共同之处：他激怒了无情的政治对手。早在提出严重指控之前，他的对手就恨他，想要弹劾他。多年来，他们一直在寻找可行的理由。为了反对他，政敌们不会讲什么情面。

其中一个原因是他的政治天赋。他是自富兰克林·德拉诺·罗斯福以来第一位连任两届的民主党总统，他机敏又灵活，是一位出色的即兴演讲者。但从一开始，他的政敌们就不信任他。他们认为克林顿是个骗子，醉心于政治上的成功，但不讲原则。他们称他为"滑头威利"，用任何能想出的不当行为指责他。克林顿当然很狡猾，但事实上，几乎所有对他的指控都是无稽之谈。不过正如他在总统竞选一开始时在电视上说过的那样，他"给自己的婚姻带来了痛苦"，并且在担任总统期间依然如此。

这一过程始于 1994 年对比尔·克林顿和希拉里·克林顿（Hillary Clinton）房地产投资的调查。二人投资了白水开发公司（Whitewater Development Corporation），但最终投资失败了。调查最终由优秀律师、前法官肯尼斯·斯塔尔（Kenneth Starr）进行监督。没有人指控克林顿夫妇在白水开发公司投资上有任何的不当行为，但斯塔尔的权力一再扩大，以至于他开始调查各种争议，包括解雇白宫旅游代理人和阿肯色州一名雇员宝拉·琼斯对克林顿提起的性骚扰诉讼，她声称克林顿与她调情。在琼斯案件的调查过程中，斯塔尔最终发现克林顿与白宫实习生莫尼卡·莱温斯基有性关系的不当行为，莱温斯基的名字也出现在琼斯诉讼的早期阶段。

最终斯塔尔就这种关系提交了一份长篇报告，其中包括淫秽的细节和一系列关于总统违法行为的主张。从来没有任何一位检察官的报告像斯塔尔做的那样。如果这是一部电影，你肯定不会带上孩子一起看。但它写得也像一份案情摘要（legal brief）。报告中有这样的话："据可靠和重大信息来源表明，克林顿总统做出了可能构成弹劾理由的行为。"[19]斯塔尔的重点全部放在克林顿与莱温斯基的关系以及他为掩盖此关系所做的各种努力上，克林顿不仅仅对他的妻子、他的工作人员、内阁和美国人民撒谎，而且还作伪证和妨碍司法公正。

克林顿犯了重罪和严重行为不端吗？在斯塔尔的报告中很难找到证据。[20]然而，斯塔尔本人似乎认为可以找到，那些身在众议院的总统反对者试图直接借鉴尼克松先例。他们谈到伪证和妨碍司法公正。针对伪证，第一个弹劾议案包括以下指控：

> 与（他的）誓言相反，威廉·杰斐逊·克林顿故意向大陪审团提供了以下一项或多项伪证、虚假和误导性证词：
>
> 1. 他与一位下属政府雇员关系的性质和细节；
>
> 2. 先前在以他为被告的联邦民权诉讼中所做的伪证、虚假陈述和误导性证词；
>
> 3. 先前允许他的律师在该民权诉讼中向联邦法官提出的虚假和误导性陈述；
>
> 4. 他的腐败行为影响证人证词并妨碍在民事诉讼中发现证据。[21]

如果以上主张属实，克林顿确实为掩盖性关系而做过伪证。这确实不合法。但是在宪法框架下，它并没有达到弹劾的基础，因为它并不是对总统权力的严重滥用。尽管如此，众议院还是以 228 票比 206 票通过弹劾。[22] 在尼克松案中，投票是以党派为分界线进行的，本案更是如此。只有五位民主党人投票支持该议案，也仅有五名共和党人投票反对该议案。

第二个议案侧重于妨碍司法公正，特别提到了宝拉·琼斯的案子。它声称的"控制或密谋"包括以下行为：

1. 大约在 1997 年 12 月 17 日，威廉·杰斐逊·克林顿在一项联邦民事诉讼中不道德地鼓励一名证人在该诉讼程序中提供宣誓证明，而克林顿知道该口供是虚假的、伪造的和误导性的。

2. 大约在 1997 年 12 月 17 日，威廉·杰斐逊·克林顿不道德地鼓励一名证人在以他为被告的联邦民事诉讼中做出虚假、伪造和误导性的证词，该证人要求在该诉讼程序中亲自作证。

3. 大约在 1997 年 12 月 28 日，威廉·杰斐逊·克林顿不道德地参与、鼓励或支持一项策划，以隐瞒在以他为被告的联邦民权诉讼中被传唤的证据。

4. 从 1997 年 12 月 7 日左右开始，持续到 1998 年 1 月 14 日，威廉·杰斐逊·克林顿加紧并成功地为一名证人提供就业援助，因该证人的真实证词对他不利，克林顿以便不道德地阻止该证人在以他为被告的联邦民事诉讼中提供真实的证词。[23]

还有很多指控，但思路基本都是这样。没有人会认为妨碍司法公正不重要。如果你被起诉，该意识到本不应该卷入类似的事情，如果确有其事，你可能会感受到刑法的威慑。

但回顾一下上下文。宝拉·琼斯起诉克林顿性骚扰，所指控的是基于他成为总统之前的行为。克林顿被指控采取了各种非法措施来降低她获胜的几率。这些手段大多与莫尼卡·莱温斯基撒谎有关。这不是件好事，但它与汉密尔顿、麦迪逊及他们同僚们的所顾虑的毫不相干。我们在这里所谈及的并不是有组织地侵犯公民自由，或通过非法手段获得行政职位，或是在美洲殖民地可引发弹劾的严重滥用职权。

众议院投票以 221 比 212 通过了弹劾。同样，几乎所有共和党人都赞成弹劾，几乎所有民主党人都反对。在伪证罪的指控中，参议院投票以 55 比 45 的优势投票宣布无罪。在妨碍司法公正的指控中，投票结果为 50 票比 50 票。同样，党派之争起了关键作用；全部 45 名民主党参议员投票支持无罪。55 名参议院共和党人中，只有 10 人投票支持伪证罪，5 人投票支持妨碍司法公正的指控。

单一行政官制

1868 年安德鲁·约翰逊被弹劾，原因只有一个：他罢免了战争部长（现称为国防部长）埃德温·斯坦顿（Edwin Stanton），他试图用他喜欢的人取代斯坦顿。你可能会问：总统不能自行选择国防部长吗？难道他不能解雇自己的内阁成员吗？

问得好。你会想到，制宪者们创设了单一总统制。这通常意味着根据宪法，总统可以罢免自己内阁的成员。国会无权干涉这种权力。约翰逊肯定是这样认为的。最终，最高法院同意了他的意见。[24]

尽管如此，国会还是颁布了一项法律，称其为《任期法案》（Tenure of Office Act），该法专门用于禁止总统在未经参议院批准的情况下撤掉某些行政官员的职位，包括战争部长。该法律规定，这些拟被撤职的官员"应在他们各自被总统任命的任期内继续任职，并在此后一个月内经参议院同意，才可被撤职"。[25]约翰逊认为《任期法案》是违宪的，因此不予理会。所以众议院弹劾了他。

当然，此案背后有一个非常戏剧化的政治背景。约翰逊是因为亚伯拉罕·林肯被刺杀而继位成为总统的。内战结束后，整个国家卷入了关于战败的南方如何重建以及如何统一国家的辩论之中。虽然约翰逊来自南方，但共和党内的许多人（有时被称为激进的共和党人）希望并相信他在重建期间将采取一系列积极的措施，以保护和帮助新获得解放的奴隶为重要事宜。约翰逊让他们非常失望。事实证明，约翰逊比他们期待的要谨慎得多，而且正如他们所看到的那样，他对战败的南方更加关切。

在选举胜利的鼓励下，激进的共和党人制定了《任期法案》，专门用来保护斯坦顿，斯坦顿总体上赞同他们的观点。更重要的是，《任期法案》旨在威慑总统和启动弹劾。该法案明确表示，如果总统违反了法案的规定，他将犯下"严重行为不端"。天哪！据我所知，在美国历史上这是绝无仅有的一次，但约翰逊视若无睹。

作为回应，众议院通过了不下11个弹劾议案。它们接连不断又多余冗长。第一个议案抱怨约翰逊解雇斯坦顿的命令：

> 该项命令是非法发布的，意图违反 1867 年 3 月 2 日通过的《任期法案》，与该法案的规定内容相违背，并且与美国宪法的规定相抵触，参议院当时正在会议期间，罢免战争部长埃德温·斯坦顿未经过美国参议院的咨询和同意，因此美国总统安德鲁·约翰逊当时犯下了在职期间的严重行为不端。[26]

话虽如此，事实未必是这样。从善意的角度来讨论，约翰逊的所作所为符合他根据宪法所享有的职权。[27]对于那些试图弹劾约翰逊的人来说，情况更加糟糕。正如我上文所指出的那样，最高法院最终裁定约翰逊的行为符合宪法，而宪法禁止国会要求总统在解雇其内阁成员之前须获得参议院的同意。[28]

在众议院，反对约翰逊的投票是压倒性的 126 比 47。[29]而在参议院投票阶段，约翰逊侥幸过关，结果是 35 比 19，仅仅比定罪要求的三分之二多数少了一票。[30] 9 名民主党人都投了无罪；45 名共和党人中只有 10 人投了无罪票。约翰逊是一个糟糕的总统，但对他的弹劾违反了宪法的意图。

非总统弹劾

在美国历史上，众议院仅仅弹劾过 19 名官员。参议院给 8 人定了罪，7 人无罪释放。一项弹劾由于技术性原因被驳回。3 名被弹劾的官员最终辞职。[31]美国众议院公布了一份完整的统计，转载如下：[32]

据我们所知，1797 年只有一名美国参议员被弹劾：曾参加过独立战争的威廉·布朗特（William Blount）。因为见财起意，布朗特与英国人合谋帮助英国征服西属路易斯安那和佛罗里达的部分地区。被弹劾后，参议院投票以三分之二多数决定罢免他。参议院的弹劾审判结果被驳回，理由是参议院无权弹劾自己的成员。（另一项反对的原因是他已经被免职，因此无需被弹劾。）

1804 年，法官塞缪尔·蔡斯（Samuel Chase）因涉嫌在法庭上枉法营私、欺压当事人而被弹劾。[33]在某起案件中，他的角色据说更像检察官而不是法官。在另一起案件中，在大陪审团拒绝起诉一名据称从事煽动活动的印花工后，蔡斯拒绝解散大陪审团。蔡斯普遍被认为是一位非常有倾向性的法官。1876 年，战争部长威廉·贝尔纳普（William Belknap）因受贿被弹劾。1912 年，美国商务法院的法官罗伯特·阿奇巴尔德（Robert Archibald）因为与当事人的裙带关系而被弹劾。

绝大多数的被弹劾官员——19 名中的 13 名——都是联邦地方法院法官。在 15 起非总统弹劾案中，只有 8 起被定罪：皮克林、汉弗莱斯、阿克博尔德、里特、克莱伯恩、黑斯廷斯、尼克松和波蒂厄斯。德拉海、贝尔纳普、英格利什和肯特在参议院投票前辞职。

众议院弹劾历史

	姓名	职位	众议院措施／指控	审判期限	结果
1	威廉·布朗特	美国田纳西州参议员	1797年7月7日被弹劾，被指控密谋协助英国夺取西班牙控制的，如今已为佛罗里达州和路易斯安那州的领土	1798年12月17日至1799年1月14日	因无司法管辖权而被驳回；布朗特在受审前已被逐出美国参议院
2	约翰·皮克林（John Pickering）	美国新罕布什尔州地区法院法官	1803年3月2日被弹劾，被指控在审判时醉酒及非法处理财产索赔	1803年3月3日至1804年3月12日	有罪；被免职
3	塞缪尔·蔡斯	美国最高法院法官	1804年3月12日被弹劾，被指控任意妄为和压制审判行为	1804年12月7日至1805年3月1日	无罪
4	杰姆斯·H.派克（James H. Peck）	美国田纳西州西区地区法院法官	1830年4月24日被弹劾，被指控滥用藐视法庭惩罚权	1830年4月26日至1831年1月31日	无罪
5	维斯·H.汉弗莱斯（West H. Humphreys）	美国田纳西州西区地区法院法官	1862年5月6日被弹劾，被指控拒绝开庭审议及反对美国政府	1862年6月9日至1862年6月26日	有罪；被免职，未来不得担任公职

续表

	姓名	职位	众议院措施／指控	审判期限	结果
6	安德鲁·约翰逊	美国总统	1868年2月24日被弹劾，被指控因开除战争部长埃德温·斯坦顿而违反《任期法案》	1868年2月25日至5月26日	无罪
7	马克·H.德拉海（Mark H. Delahay）	美国堪萨斯州地区法院法官	1873年2月28日被弹劾，被控审判时醉酒	未举行审判	审判前离职
8	威廉·贝尔纳普（William W. Belknap）	美国战争部长	1876年3月2日被弹劾，被指控怠忽职守、卖官鬻爵	1876年3月3日至8月1日	无罪
9	查尔斯·斯恩瓦（Charles Swayne）	美国佛罗里达州北区地区法院法官	1904年12月13日被弹劾，被指控滥用法庭藐视权及其他滥用职务行为	1904年12月14日至1905年2月27日	无罪
10	罗伯特·W.阿克博尔德（Robert W. Archbald）	美国商务法院助理法官	1912年7月11日被弹劾，被指控与当事人之间存在不当商业关系	1912年7月13日至1913年1月13日	有罪；被免职，未来也不得担任公职

续表

	姓名	职位	众议院措施/指控	审判期限	结果
11	乔治·W. 英格利什（George W. English）	美国伊利诺斯州东区地区法院法官	1926年4月1日被弹劾，被指控滥用职权	1926年4月23日至12月13日	1926年11月4日辞职；1926年12月13日履行开除手续
12	哈罗德·路德巴克（Harold Louderback）	美国加利福尼亚州北区地区法院法官	1933年2月24日被弹劾，被指控在破产案件中徇私舞弊	1933年5月15日至24日	无罪
13	哈尔斯特德·里特（Halsted Ritter）	美国佛罗里达州南区地区法院法官	1936年3月2日被弹劾，被指控在破产管理人委派中有私舞弊及作为法官进行法律执业	1936年3月10日至4月17日	有罪；被免职
14	哈里·E. 克莱伯恩（Harry E. Claiborne）	内华达州美国地区法院法官	1986年7月22日被弹劾，被指控逃避所得税及留职以待刑事定罪	1986年10月7日至9日	有罪；被免职
15	阿尔茜·L. 黑斯廷斯（Alcee L. Hastings）	美国佛罗里达州南区地区法院法官	1988年8月3日被弹劾，被指控涉嫌伪造证串谋行贿	1989年10月18日至20日	有罪；被免职

续表

	姓名	职位	众议院措施／指控	审判期限	结果
16	沃尔特·L·尼克松	美国密西西比州南区地区法院法官	1989年5月10日被弹劾，被指控在联邦大陪审团前作伪证	1989年11月1日至3日	有罪；被免职
17	威廉·杰斐逊·克林顿	美国总统	1998年12月19日被弹劾，被指控在联邦大陪审团前发假誓和妨碍司法公正	1999年1月7日至2月12日	无罪
18	塞缪尔·B·肯特 (Samuel B. Kent)	美国德克萨斯州南区地区法院法官	2009年6月19日弹劾，被指控性侵犯、妨碍公务程序以及发表虚假、误导性言论	2009年6月24日至7月22日	2009年6月30日在审判结束前辞职，辞职文件号H. Res. 661
19	托马斯·波蒂厄斯二世 (G. Thomas Porteous, Jr.)	美国路易斯安那州东区地区法院法官	2010年3月11日被弹劾，被指控受贿罪和伪证罪	2010年12月7日至8日	有罪；被免职，未来也不得担任公职

法官和总统

在美国历史上，共有超过 3000 名联邦法官，其中的一些法官争议很大——通常是因为他们的裁决对大多数人而言都很不友好，有时因为他们工作中和工作外的不得体、令人厌恶甚至是非法的行为。自 20 世纪 50 年代以来，左翼和右翼的法官都让很多人不舒服；想一想首席大法官厄尔·沃伦（Earl Warren）和威廉·伦奎斯特（William Rehnquist），以及法官威廉·布伦南（William Brennan）和安东尼·斯卡利亚。即使如此，我们并没有看到很多因政治动机而发起的弹劾程序。

总的来说，美国人尊重甚至敬畏司法独立的理念，有争议甚至是被藐视的裁决都没有引发严重的弹劾调查。在这种程度上，众议院表现出令人印象深刻的克制，司法弹劾通常都符合宪法标准。根据宪法条文，接受贿赂显然应被弹劾，如果法官随意取消律师的律师资格或拒绝听取证人证言，他们就会犯下严重行为不端。但在某些情况下，众议院援引的理由非常不牢靠。没有证据证明哈里·克莱伯恩明显地滥用司法权力，沃尔特·尼克松的案子也是如此。弹劾马克·德拉海和查尔斯·斯瓦恩的某些事由似乎也达不到宪法标准。我们该怎么办？

有观点说，有些司法弹劾与克林顿与约翰逊总统的弹劾有相同的特点：它们都明显地偏离了宪法。这可能是对的。毕竟，弹劾联邦法官和定罪的宪法标准与总统的标准是完全相同的。[34]

但另一观点更有意思，即司法弹劾和总统弹劾是完全不同的。

即使宪法文本是一样的，宪法的结构及其上下文也暗示了弹劾总统应当特别谨慎，并允许对弹劾联邦法官采取略微不同和稍低的标准。

先从历史角度考虑：制宪会议中提到的制宪者们特别关注的问题之一，就是保护总统免受国会权力干涉；他们试图专门将总统隔离出来。当然，他们也同样想确保司法独立，但辩论集中在确保总统不受国会控制的重要性上。正如我们所见，他们所有的辩论基本上都是与总统有关，而非联邦法官，而宪法批准辩论主要也是讨论总统和国会之间的关系。

从务实角度考虑：弹劾总统是一种破坏政府稳定的事情。当然，弹劾联邦法官是一个重大的行为，这样做会危及司法独立，但除非出现极其例外的情况，否则弹劾法官不会威胁到国家存亡。这与联邦法官的终身任期制是有关联的。如果法官只能因为最严重的侵权行为而会被弹劾，那么整个国家将会被可怕的法官困扰一生。总统只有四年的任期，这意味着他可能会出局，这就为弹劾提出了更高标准。

我无意过多强调这些意见。再说一次，宪法标准是一样的。最重要的是，除了少数例外情况，众议院对宪法框架所确立的标准表示出了极大的尊重，尽管联邦司法机构的争议性地位必然会诱使众议院在很多场合下不这么做。

第七章

二十一则案例

　　许多法学院一年级学生惊讶地发现，在他们的早期课程中，大多数教授都不以讲授的方式上课。相反，他们提出一系列让人恼火的、看似无穷无尽的"假设"，那些与法律有关的，真实或虚构的特定问题。他们试图诱导出学生的判断，并将这些判断作为讨论的基础。

　　从某个角度来看，这种对法律和公共政策的思考方式非常愚蠢。如果把人们放在教室里，他们会凭直觉告诉你他们的直接反应。政策和法律应该建立在直觉和直接反应之上吗？整个宪法秩序可以被视为一个有力的回答："不!"

　　汉密尔顿、麦迪逊和他们的同事们对政治思想做出了一个真正原创性的贡献，即拒绝一些历史上最伟大的思想家（包括孟德斯鸠本人）所持有的，存在已久的观点，即合众国应该是小且同质的。相反，他们认为拥有多元化人口的大共和国将是建立审议民主（deliberative democracy）的最佳方式。他们的民主理念，正如法官路易斯·布兰代斯（Louis Brandeis）说的那样，"审议的权力应优先于专断。"审议需要的是谨慎而非直觉。他们的理由是共和制。他们并不认为法律和政策应该由人们对一系列假设性问题的直接反应来产生。

与此同时，法学院课堂上的方法确实有一个很大的优点：它避免过早地诉诸会产生更大麻烦的抽象思维。英国伟大诗人威廉·布莱克（William Blake）曾在纸边潦草地写道："概括就是白痴；具体化是与之区别的唯一优点。"[1]毫无疑问，这句话本身就是一种概括，所以从某种意义上说，布莱克的主张是自相矛盾和不攻自破的。但是，我们没必要吹毛求疵。布莱克说得没错。

就某些问题而言，想有所进步的最佳方法是提出各种各样的问题，并思考最好如何处理它们。当然，你不可能盲目去做。进行规范分析需要某种框架来定向。但就弹劾而言，历史为我们提供了一个框架，在这个框架下，核心问题就是是否滥用了行政职权。

我的策略是先从一系列简单案件开始，其中弹劾显然是合法的。然后，我再转向另一种简单案件，但其原因却是相反的：即使美国公众想要弹劾，即使总统做了一些非常错误的事情，但弹劾依然明显是违宪的。我以一系列疑难案例作为总结，理性的人会对这些案件各持己见。在这种情况下，我认为，制度性解决方案并不是一个可怕的想法：**当宪法问题得到合理辩论，而且没有任何决议是明显正确的时候，"我们人民"通过当选代表的所作所为，可以做出决定。**

可弹劾的明确案例

1. **总统对一个意图损害美国的他国表示钦佩和同情。在任期间，他向该国领导人透露机密信息，其明确意图是使该国变得强大并削弱自己的国家。**

总统可被弹劾。他可能犯下了叛国罪。宪法给出了一个定义："对联邦的叛国罪，只限于对联邦作战、叛投联邦的敌人、给敌人提供援助和方便。"我们需要费些功夫来了解总统的行为是否符合叛国罪的严格定义，这需要解释"敌人"、"叛投"和"援助和方便"这几个词。但不论是否构成了叛国罪，显然都会被视为是重罪和严重行为不端。

2. **总统正在监督政府预算编制，该预算即将提交给国会。电动汽车制造商向他保证，如果他支持车辆税收抵免，他们会立即或在他离任之后将大量资金汇入他的个人银行账户。他同意了。**

总统可被弹劾。他在行使总统职权时接受了贿赂。

3. **总统正寻求对他的健康改革计划的支持。一家著名的保险公司不喜欢他的计划。总统跟公司总裁说："如果你支持这个计划，我会想方设法来给你汇些钱。可能不是现在，可能会在我离任之后，但最终一定会给你。你不会后悔的。"**

总统可被弹劾。他试图贿赂与行使总统职权有关的人。

我们可以重新构想，把案例复杂化一点，将其设定为达成交易，不涉及总统的个人资金，而是用一种不正式的交易方式，即投我以桃，报之以李，达成交易，这几乎是不可弹劾的。总统有权告诉公司负责人，如果它支持医疗改革，他将不会继续执行该公司不喜欢的其他计划。在宪法意义上这不是贿赂。但是某些交易就会越界：如果总统告诉公司，它支持他的计划，他将确保它得到政府合同（无论其是否有资格），这看起来就像构成了贿赂案件，而且倘若如此，总统可被弹劾。

4. (a) **总统命令一个下属去谋杀一个政敌，就因为他是政敌。**

(b) **总统命令下属殴打一个政敌，就因为他是政敌。**

(c) **总统命令国税局调查政敌，就因为他是政敌。**

在上述案件中，总统都可被弹劾。在案例（a）和（b）中，他肯定犯了罪，而且是严重罪行，而且无论是否犯了罪，他都犯了宪法意义上的严重行为不端：对政敌使用武力是对总统职权极其恶劣的滥用。同样的结论适用于案例（c），如果我们明确总统没有理由认为政敌违反了税法。倘若如此，总统犯有宪法意义上的严重行为不端。

为了让案情更复杂，我们假设政敌实际上违反了税法，总统也意识到这一点，但促使他行使他所支配国税局职权的动机实际上是惩罚政敌的愿望。这有点棘手，但最终也不那么难。从宪法的角度来看，总统利用职权挑选政敌来执行法律，这是一种严重行为不端。使用行政职权来惩罚政敌是可弹劾犯罪类别的核心。

5. **总统决定在伦敦待六个月。他解释说，他喜爱伦敦的历史，想在伦敦购物，他需要休息一下。没有理由认为他不忠于美国。他只是需要休息一下。他补充说当他"有时间时"，会履行行政职责，他也希望他能有时间。**

总统可被弹劾。他虽没有犯任何罪行，但他公然地以一种极其恶劣的方式逃避了他的宪法职责。总统可以有很多的高尔夫周末，甚至能有一些休假。但他不能决定在国外呆上六个月，即使他声称在那里会履行作为总统的全部职责。

6. **总统特别喜欢警察。他认为警察受到了不公平待遇。他宣布，如果任何警察被指控谋杀或斗殴，他将行使总统赦免权，赦免该名警察。**

总统可被弹劾。他基本表明了他会授权谋杀和斗殴。他正以一种鼓励胡作非为的方式行使职权。我们不能确定他是否会犯罪，但这不重要。他以极其恶劣的方式明显地滥用了总统职权。

7. **由于某个对美国不友好的国家的秘密计划，总统得以当选。作为该计划的一部分，总统与该国领导人密切合作，给他的政敌传播虚假信息。虽没有交换条件，但总统的当选毫无疑问是受益于某个明确计划的。**

总统可被弹劾。可以肯定的是，相关行为发生在总统就职之前。根据宪法文本和上下文语境，可以认为可弹劾的罪行**仅限于在总统任职期间发生的罪行**。但是，制宪会议的辩论表明，如果总统以让人反感的方式获得职位，弹劾是可行的。事实上，辩论表明，恰恰是这类案件定义了弹劾的意义。回想一下乔治·梅森的话："如果有人搞拉拢腐化的勾当，用这种手段取得了第一次任命，那还不应该反复数落他的罪行，让他难逃惩罚？"

这种观点有其逻辑所在。宪法希冀人民来治理国家。如果总统通过非法手段获得职位，甚至是通过与外国通力合作获得职位，人民自治便已经受到了损害。弹劾是可行的。

8. 总统利用联邦调查局和中央情报局获取有关政敌的有罪证据，并企图惩治他们。他命令这些机构进行各种形式的监视，谋划着利用他得到的任何信息，通过媒体使政敌们难堪，并可能对其提起刑事诉讼。

总统是可弹劾的。无论这种行为是否在技术层面上违反了刑法，都以严重滥用职权的形式构成了一种可弹劾的罪行。回顾一下马萨诸塞州的宪法批准辩论，该辩论指出违反自由是可弹劾的违法行为。在这个问题中，该行为可能违反了第一和第四修正案。即使不适用修正案，也违反了最基本的民主原则。

9. 在战争或国内危机期间，总统未能履行其基本职责，他并没有做出让许多人不满的决策，但是基本上未能履行职责。即使未能履行职责可能是因为压力大、醉酒、精神疾病、厌倦、身体问题或纯粹懒惰的结果。

总统是可弹劾的。在这种情况下，他犯有严重行为不端，可被罢免。回想一下，麦迪逊指出"疏忽职守"是弹劾的基础，在本案中有异乎寻常的疏忽职守。诚然，我们对整个疏忽职守的理念必须小心谨慎，以免将政治上的分歧或公众的失望或愤怒，转变成为可弹劾的疏忽职守。确实，这个案例需要修正我们的指导原则，把重罪和严重行为不端视为严重滥用公共职权。该原则抓住了概念的核心，但并没抓到全部。不履行个人工作职责也是一种严重行为不端。

不可弹劾的简单案例

10. **总统发布行政命令，要求其环境保护局根据《清洁空气法案》颁布某些规定。在大多数有见识的观察者看来，这些规定明显违反了《清洁空气法案》，因此是非法的。诚然，有些人认为这些规定是合法的，但他们只占少数。最高法院一致否决了总统颁布的规定。**

总统不可弹劾。每一位总统——里根、克林顿、布什、奥巴马、罗斯福、杜鲁门和艾森豪威尔都遭遇过类似情况，并在法庭上遭受重大挫折。总统完全有权违背法律专家多数意见的方式行事。只要其行为有善意性的正当理由，即使最高法院一致同意总统是错误的，弹劾也没有合理的依据。原因是基于善意的正当理由的总统，即使是做错了，也没有滥用总统职权。

11. **在恐怖主义袭击事件发生后，总统发布了一系列旨在打击恐怖主义的行政命令。其中一些命令给许多美国人打上了残忍、严**

苛和"反美国"的标签。有一条命令在机场增加了新的安全限制，包括向被"分析"成潜在可疑的人询问侵犯性的个人问题。另一条命令授权某些人可实施酷刑（如水刑）。其中一些命令在法庭上根据宪法被判定无效。面对这些裁决，总统的反对者认为，他的违宪行为违反了他的就职宣誓，而且命令他的下属犯下罪行。[2]他的反对者还补充说，总统在宪法上有义务"确保法律切实执行"，但他没有做到。

总统不可弹劾。这个案件比上一个案件更复杂，也许它不能恰当地认为是简单案件，因为它涉及一系列非法行为，而不仅仅是一个违法行为，而且还涉及侵犯人权。但这也没有**那么**难以判断，至少总统有基于善意的正当理由，他的命令是合法的。法院和国际法驳回一系列法律结论并不是一个可弹劾的罪行。发假誓（弹劾克林顿期间提出的第一个弹劾议案的主张）是为了掩人耳目。宪法并未规定任何此类违法行为是弹劾的事由。弹劾需要的是重罪和严重行为不端。

可以肯定的是，我们可以用某种方式修改这个案例，将其变成疑难案例，甚至是明显可以弹劾的案件。如果总统的苛政达到一定程度的严重性，使得在辩护中无法提供基于善意的正当理由，就构成了严重行为不端，违反了马萨诸塞州在宪法批准辩论中援引的相同理论。如果（1）这些措施非常极端（包括明确的酷刑和严重侵犯公民人权），那么这个案件就是疑难案件（我认为是），但（2）虽然总统认识错误，但其行为是基于善意，而且（根据现有法律）有合理论据证明他有合法的授权来向他们下达命令。在这种情况下，认为弹劾条款没有给出权威性指导是说得通的，因此"我们人民"通过众议院和参议院，可以按照我们认为最好的方式行事。

12. 在总统当选之前，他在税务问题上作假。他隐瞒了重要收入，犯下了严重的罪行。

总统不可弹劾。他没有以任何方式滥用行政职权。由此可见，无论他的行为在成为总统之前是多么卑劣，都不能因这些行为弹劾总统。只有一个例外，在上述案例 7 中已论述过。

13. 在任期间，总统因隐瞒重大收入而在税务上作假。他由此犯下了严重的罪行。

总统不可弹劾。他没有以任何方式滥用行政职权。的确，他犯了罪，但由于没有滥用行政职权，不可弹劾（参见第三章对尼克松案的讨论）。但在他离职之后可以起诉他。

14. 总统解雇了联邦通信委员会、联邦贸易委员会和联邦储备委员会的成员。这些成员是由他的前任任命的。他们仍在五年任期之内。法律保护他们不被免职，除非他们有"渎职、疏忽职守或办公效率低下"的行为。

总统并不认为上述委员会成员受到这些法律保护。相反，他认为根据宪法，行政部门是"单一制"的，因此他可以解雇任何以执法为工作的人。换句话说，他认为法规侵犯了他的宪法职权，因此他无视了这些烦扰。最高法院已经否决了总统对宪法的看法，裁定国会可以使这些机构独立于总统的控制，但他还是想再次试一下深浅。

总统不可弹劾。他如此行事是基于对其宪法职权的善意理解。即使他错了，他也没有犯下其他重罪和严重行为不端。本案例是弹劾安德鲁·约翰逊总统主要理由的翻版。正如我们所见，这些理由是非法的；弹劾是违宪的。本弹劾案比约翰逊弹劾案略为有利的地方是，总统几乎可以肯定是违法，而约翰逊总统的行为则没什么问题。但只要他是基于善意的正当理由，弹劾就不可行。他没有犯有其他重罪和严重行为不端。再强调一次：对总统而言，依据一个合理信念，即他有权按自己的方式行事，这不是严重行为不端。

疑难案件

15. **在即将开战的情况下，总统一再欺骗美国人民。当他公开为开战辩护时，错误地陈述了战争的理由，并暗示如果他无所作为，美国人民将危在旦夕。这个错误陈述至少也算草率，也可能是出于故意。在长期战争期间，总统没有披露战争进展的实际情况。他对实际发生的事情过于乐观。再强调一次，至少也算草率，可能是出于故意。他对敌人及其行动作出了与事实不符的陈述。**

这不是一个简单的案例。总统是总司令，打仗时他的主要任务是获胜。在战争期间，任何一位总统都不可能说出全部真相，只讲真话。总统没有犯罪，这点确定无疑。理性的人可能会极力主张，即使在战争期间满嘴胡言，也不成为罢免总统的合法理由。我们的目标是不顾一切，只要胜利。

尽管如此，总统（在我看来）是可被弹劾的。即使在战争期间，对美国公众持续撒谎也可以被视为严重行为不端，滥用公众信托是治理的核心问题。向美国人民隐瞒婚外情是道德不佳。但是，在战争理由上对美国人扯谎，并把鲜活的生命投入战场，这是可弹劾的。即使就战争而言，最后说了算的也是"我们人民"。如果一位总统不在乎事实真相，并且在对履行其职责至关重要的事情上接二连三地撒谎，那么他就是在滥用职权。（回想一下，在建国时期，向参议院撒谎被单独列为弹劾的合法依据。）

16. 在芝加哥发生严重恐怖袭击之后，总统采取了一系列被普遍视为非法侵犯公民权利和公民自由的行动。他批准并授权将有嫌疑的同情者与敌人一起拘留；他的怀疑测试包括对人们宗教信仰的调查。他批准并授权镇压（在他看来）对战争有害，特别是对招募士兵有害的言论。他批准并授权对美国公民的广泛监视（包括手机和电子邮件）；他认为"现在隐私是对国家安全的威胁"。其中的一些行动在联邦法院已经被驳回。

这是比案例 11 更严重的版本，看起来似乎很容易判断，但事实并非如此。我们国家最伟大的两位总统——亚伯拉罕·林肯和富兰克林·德拉诺·罗斯福，他们在战争中都采取过严重侵犯公民权利和公民自由的行为。林肯暂停了人身保护令。罗斯福下令拘留了住在西海岸的 117 000 名日本人后裔，其中三分之二是在美国本土出生的公民。

如果国家面临严重威胁，那么总统最重要的工作就是避免这种威胁发生，并且可以有充分理由认为公民权利和公民自由必须有所退让。另一方面，日裔美国人并没有对我们的安全构成威胁，公民权利和公民自由是我们宪法秩序和民主的基础，也是我们奋斗抗争的一部分——在此案例中，我认为总统已非法行事。

在这种情况下，我们没有什么硬性的判断标准，因此免不了要对程度问题进行判断。直言命题（categorical statements）毫无意义。具体的问题是：根据法律，总统是否有一个基于善意的正当理由？违规行为究竟有多卑劣？有多少违规行为？如果总统有组织地无视宪法对政府权力的制约，弹劾是合法合理的。

17. 总统做了许多反复无常的决定，导致国内和国际社会动荡。经济上损失严重，市场正在崩溃，世界危机重重。问题不在于总统一无所能。而是他的判断力如此之差，差到大家习以为常，以至于两党或多或少地达成了共识，他必须得走人。

在总统是否可被弹劾的问题上，理性的人可以有不同意见。当然，政策分歧不是弹劾的合法依据。人见人厌也不是弹劾的理由。总统是可以犯错的——犯很多错。美国不允许投不信任票；弹劾也与此无关。

在此，必须要对恶劣的程度进行判断。如果两党或多或少地达成了共识，认为因为总统由衷地做了一系列反复无常的决定，所以他必须走人，我们完全可以讨论严重疏忽职守，在某种程度上使弹劾合法化。

明智的人在此会小心谨慎，但如果事实严重到犯有宪法上不能容忍的严重行为不端，那他是可被弹劾的。回想一下我在制度上的建议：在宪法争议问题上最疑难的案例里，"我们人民"通过宪法的途径行事，来定义我们认为合适的"严重行为不端"。

18. 国家不在战争时期，但总统在重要场合不断地对美国人民撒谎。谎言涉及政府预算、税收和外交政策。我们指的不是"编故事"，即使是最乏味的故事。我们指的是谎言。

这种情况与案例15类似，在某种程度上它更容易判断：可以弹劾。本案更易判断的点在于，因为总统没有持续的战争作为他行事的正当理由。与此同时，编故事和谎言之间的界限可能不那么明确，如果总统逾越了这个界限就可以被弹劾，那就会有一大堆弹劾案了。此外，可以这么说，即使撒了一大堆谎，也不是宪法所关注的叛国、贿赂和其他重罪和严重行为不端。另外，如果撒谎的模式重复得足够多、足够恶劣，那么这就是构成了滥用公众信托，弹劾是可行的。

19. 在总统监管下发生了很糟糕的事情。白宫官员参与了一系列非法活动。总统内阁成员也违反了法律，他们中一些人卷入了在法庭上被推翻的诉讼，当他们没有管理权限时进行管理，当他们应当管控时却又解除控制，真是一团糟。(我的天啊!)

让这个案件变得棘手的是，这些让人心生厌恶的行为不是由总统本人领导的。如果下属做了非法或可怕的事情，总统可以被弹劾吗？建国时期的辩论没有解决这个问题，这应该以行为的恶劣程度来进行判断。正如哈里·杜鲁门总统说过的名言"我负责"（the buck stops here），因为总统负责行政部门，如果政府作出了糟糕的决定，他应该对此负责。当然，如果是交通部长发布非法的法规或者国务卿犯下某种罪行，总统不可被弹劾。回想一下，"行政渎职"不是弹劾的合法依据。但是，如果行政部门从事有组织的不当行为，如果它发生在总统的监管下，如果他没有对此采取任何行动，那么这就成了宪法意义上的严重行为不端。

20. 国会正在调查总统涉嫌的不法行为。总统极力抵制调查。他拒绝移交文件，主张行政特权，还威胁由他自己的司法部任命的特别检察官。"如果你不放弃，"他明确表示，"我将让你的生活变得很惨。"他对联邦调查局局长说："你为我工作，有一件事情不能做，就是调查自己的老板。这是命令。"

这个案例展示了一系列行为，正确结论取决于我们在这些行为中的立场。总统拒绝交出文件肯定是不可弹劾的，如果他有基于善意的正当理由，就不需要移交资料（见第三章）。国会调查往往是出于政治动机，并演变成哗众取宠。在一定范围内，总统有权抵制这些调查。我们可以进一步分析。即使总统拒绝合作的行为明显违反法律，也可能不存在可弹劾的理由。正如我们所知，*掩盖一些不构成其他重罪和严重行为不端的行为，本身并不一定构成其他重罪和严重行为不端*。我把它用斜体字表示，因为它如此重要却又容易被忽略。

在尼克松和克林顿的弹劾案例中，在明显假设该问题的答案的同时也回答了弹劾问题。公众围绕总统是否参与了妨碍司法公正展开了辩论。这是一个重大错误。妨害司法公正*不一定*是其他重罪和*严重行为不端*。如果总统在成为总统之前阻挠了对他自己的非法投资进行调查，那么*可能不存在可弹劾的违法行为*（我在上文斜体的句子中用了"可能"和"不一定"，因为大规模滥用联邦政府职权可能是一种严重行为不端）。如果总统在白宫工作人员使用大麻的事情上妨碍司法公正，弹劾是荒谬的（除非大规模滥用政府职权）。

另一方面，如果总统行事没有妨碍司法公正，那么根据调查的实质，我们可能会发现在宪法范围内的严重行为不端。如果联邦调查局正在调查总统叛国罪或贿赂行为，这些罪行本身就是可弹劾的，则对这些调查的严重干涉可能会被视为严重行为不端。该结论取决于干涉是否达到了妨害司法公正的技术标准。

21. 总统雇佣一名枪手去谋杀某人，只是因为他不喜欢这个人。没有政治动机；完全是个人恩怨。

令人吃惊的是，这不是一个简单案例。有一种观点认为，这里没有明显地滥用总统职权，因此没有可弹劾的违法行为（如果总统利用职权来安排谋杀，则案件相对简单）。另一种观点认为，总统可被弹劾，因为谋杀是特别严重的个人罪行，而且总统在犯下此类罪行后不太可能继续任职。

如果宪法不允许把杀人犯从国家最高职位上罢免，这是不太能讲得通的。我们对宪法的解释应该要能讲得通才对。

第八章

第二十五修正案

如果弹劾只适用于严重罪行、刑事犯罪或其他罪行，那么仍然留下了很大缺口。如果总统没有犯下任何此类罪行，但患有残疾（生理或精神上），使他无法担任最高长官，或者不适合继续履行职责，该怎么办？假设他患有阿尔茨海默病或抑郁症，或者表现出某种情绪或认知能力的下降。[1] 假设他的行为有点疯狂。因为无法正常履职，总统就可以被撤职吗？谁能撤了他的职？回想一下詹姆斯·麦迪逊声称如果总统成为"无行为能力"，他就可以被弹劾。但除非无行为能力导致了重罪和严重行为不端，否则弹劾机制就不是一个解决办法。那怎么办？

1981 年，我有幸作为青年律师在司法部法律顾问办公室当一名新手律师。法律顾问办公室，正如其名，是总统的法律智囊团。1980 年，我在吉米·卡特（Jimmy Carter）总统任期内加入了法律顾问办公室，当时他的行政管理正在逐渐收缩。罗纳德·里根（Ronald Reagan）当选后，我继续在那里工作，里根总统有很多新的计划和想法，其中一些想法和计划出现了严重的法律问题。

里根总统就职典礼几个星期后，我那个令人钦佩、有远见的上司西奥多·奥尔森（Theodore Olson）带我进入他在司法部五楼著名的木镶板装饰办公室，并要求我写一份关于宪法第二十五修正案第三节和第四节详细的、正式的备忘录。我为自己懂点宪法而感到自豪，但我必须保持平静。因为我并不了解那条修正案是讲什么的。

我没有坦白自己的无知。相反，我告诉奥尔森，我会好好工作。离开办公室后，我立即查阅了宪法文本，内容如下：

第三节

总统向参议院候补议长和众议院议长提交书面申请，表明自己无法行使总统职权时，其职权由副总统代理，直到他向上述两人提交可以履职的书面说明为止。

第四节

每当副总统和行政部门或联邦会议规定的机构的过半数主管一起，向参议院候补议长和众议院议长提交他们的书面申明，说总统无力行使总统职权时，副总统应立即以代理总统名义行使总统职权。若总统向参议院候补议长和众议院议长提交书面申明，表明其不能履行职权的情况不符合事实，则他将重掌总统职权，除非副总统和半数以上部长在四天以内向参议院候补议长和众议院议长提交书面申明，说明总统无法行使总统职权；在此情况下，应由联邦议会解决这一问题：若为联邦议会开会期间，应于四十八小时内召开专门会议；若联邦适逢议会休会，应在收到后一书面申请的二十一天内召开专门会议，由两院三分之二议员的票数，决定总统是否无力行使职权，副总统是否仍以代理总统身份行使总统职权；否则，总统将继续行使他的职权。[2]

喔！

我对所读到的内容感到惊讶，不是因为我对这些文本完全不熟悉，而是因为这些是奥尔森要我研究的东西。这些规定很有意思，有很多难解之谜，但奥尔森要求我写的全面备忘录似乎异乎寻常。

这是因为一般来说，法律顾问办公室的工作主要集中在需要立即解决的法律问题上，有时甚至是法律危机。比如，在一些法律问题上，国务院和国防部可能有不同的分歧。谁对谁错？或者总统的班底希望他在不修改宪法的情况下禁止堕胎。那能行吗？或者总统想在一些异国他乡使用武力，但国会不予授权。他能这样做吗？

相比之下，第二十五修正案的这两节似乎要处理一个完全假设性的问题。里根总统即将迎来自己70岁生日，但他身体很健康。为什么要我写这份备忘录？这看起来很像是学术性工作。正如奥尔森解释的那样，我这份备忘录是作为一场不可能发生的灾难的整体背景来考量的。

差不多整整一个月后，小约翰·欣克利行刺了里根总统。

当局者乱

在司法部五楼，大约有10名法律顾问办公室的律师坐在一台大电视机旁，看着新闻主播解释说总统在医院，但看起来很好。虽然枪击事件非常突然，令人惊骇，引起了所有人的注意，但最高长官并未陷入严重困境，因而避免了国家危机。我坐在组员之中，这时有人轻轻拍了我的肩膀。是奥尔森，他需要私下和我聊一聊。他把我带到一条走廊上，声音低沉得像是在窃窃私语。

"总统的情况比他们说的要糟糕得多"，他冷静地解释道，"我们不知道会发生什么，但我们需要做好准备。你记得你写的第二十五修正案备忘录的细节，是不是？你知道该怎么做吗？"他解释说，在大楼里有无数律师，但我是唯一的第二十五修正案专家。我需要立即开始工作。

法律顾问办公室的高级官员们离开司法部前往白宫，在那两个小时内，我独自一人坐在奥尔森办公室里巨大办公桌前工作。整个大厅空空荡荡，好像整个司法部都没有其他人了。从法学院毕业仅仅只有三年的我，被要求以绝密的方式写下两份备忘录，把刚刚当选的里根从总统职位上换下来。

根据第二十五修正案第二节，第一份声明将由里根总统本人（如果他有能力的话）签署。这是一份书面声明，表明他无法履行其职权。第二份声明由布什副总统和内阁签署，声明的内容相同。

在一台旧式手动打字机上，我敲完了两份备忘录。文件是绝密的，所以没有秘书可以帮忙。在第二份备忘录中，我留下了用于签名的黑色横线（这似乎是最关键的部分），我逐个敲下了所有的名字。我记得，我的手没有颤抖，这一定是肾上腺素的缘故。这个任务是个体力活，但我的精神却从未如此专注。现在回忆起打字的事情，仿佛就是昨天。

　　我把两份备忘录紧紧密封在一个黄色信封里，然后，一个信使亲手把它们送到了白宫。

　　当然，新闻记者一直在给司法部打电话，却也没有什么重要的人能解答他们的问题。我跟秘书说我不会对任何人说什么，像是胸有成竹，但实际上是有点惊慌失措。我不知道我该做什么或应说什么。但《纽约时报》非常坚持，他们的记者打通了我的电话，并问了一个问题："我们收到信息称，司法部刚刚发出了两份备忘录，副总统将担任总统职务。你能证实这个消息吗？"我目瞪口呆。他们究竟是怎么知道的？

　　我毫无头绪。当记者等我回答时，时间仿佛静止了。说些什么？我既没有和盘托出，也没有崩溃，而是吐出了我从老套电视节目中学到的四个字："无可奉告。"

修正案内容

　　后来，里根总统恢复得很好，不再需要援引第二十五修正案。但这个经历有助于说明修正案的内容。这条修正案是 1967 年约翰·肯尼迪总统被暗杀后增加的，有时被形容为是对已故总统的纪念，修正案在第一节解释了如果总统去世、被免职或辞职时如何处理：副总统成为总统。[3] 第二节规定，如果副总统职位空缺时如何处理，"总统应提名副总统，由联邦议会两院过半数批准后任职"。

　　一切都清晰明了。其余两节涉及无行为能力的疑难情况。总统无法行使其职权的情况，看似很简单，其实不然。

重要的是，总统本人有机会宣告自己无力行使职权。总统身受重伤，或正努力解决一些健康问题时，可以永久或在康复期间将权力移交给副总统。但无论他是否想继续履行职权，总统都可以被绕开。这很重要，因为总统可能无法做出声明（也许因为他已经不省人事），或者即使有能力做声明，他可能也不愿意承认他存在行为能力缺失或他行为能力缺失的严重程度。如果副总统推定总统不能履行职权，并经半数内阁同意，总统任期就已结束，除非总统抗议并可能导致国会产生争议。

回想一下谁能绕开总统。第四节的相关部分如下："副总统和行政部门或联邦会议规定的机构的过半数同意。"我将回到这些极为重要的措辞。它们与费城弹劾条款的制定者所做出的选择截然不同。

一字千金

当然，第二十五修正案的核心问题是一个词的含义："无力"。请注意，根据第三节和第四节，其标准与"无法履行其职权"似乎是一致的。以修正案文本为基础，我们可以想象一系列的理解。一个极端理解是，总统只有在他真的没有办法作决定时才"无力"，也许是因为他不省人事，也许是因为他经受了某种严重的精神崩溃。我们把这种理解的第二十五修正案称为最低限度主义。另一个极端，副总统和内阁有权出于他们喜欢的任何理由宣布总统"无力"。如果他们说总统"无力"，总统就是"无力"。这就是第二十五修正案的最大限度主义。

国会议员对宪法条文中模棱两可的地方很警觉。在关于宪法条文的辩论中，有人强调条文本身缺乏明确性。[4] 但他们没能为之下一个定义，可能是因为他们无法就如何定义达成一致。尽管如此，第二十五修正案的背景提供了有用的指引，尤其是它展示了立法者的关注点。[5]

有议员提到了四个案例，三个是真实的，一个是假设的。真实案例是指，1881 年詹姆斯·加菲尔德总统从遇刺到去世经受了长时间的折磨；1919 年伍德罗·威尔逊（Woodrow Wilson）总统在严重中风后留任了两年；以及德怀特·艾森豪威尔（Dwight Eisenhower）总统在严重心脏病发作后和受其他心脏问题治疗折磨的康复期间。假设案例是假设 1963 年肯尼迪总统在达拉斯遇刺后得以幸存，但最终因他伤势过重而无法行使职权。

对于立法者来说，加菲尔德总统和威尔逊总统的案例提出了第二十五修正案旨在解决的确切问题。这些案例是明确的。正如美国律师协会主席，后成为最高法院大法官的刘易斯·鲍威尔（Lewis Powell）所指出的那样，他们无力履行职权导致"行政领导的真空"。[6] 参议员伯奇·拜尔（Birch Bayh）在辩论中发挥关键作用，他指出加菲尔德总统从被枪击到死亡之间的 80 天里，其"唯一职务行为……是签署了一份引渡文件"。[7] 他还指出伍德罗·威尔逊总统的妻子和医生在威尔逊的中风之后，对他的日程安排有相当大的控制权。[8]

在讨论中，一些立法者的关注重点是源于身体残疾、严重心理问题或其他问题导致的认知能力降低。参议员拜尔曾多次发言，称条文所说的是"任何类型的无法，无论无力是基于跨国旅行、交流障碍、被敌人捕获，还是可以想象的任何缘由"。[9] 鉴于参议员拜尔的核心作用，他的陈述值得认真关注，但"任何类型的无法"似乎超过了界限。另一方面，参议员拜尔更明确地表示"执行工作的能力将成为决定总统是否无法的主要证据"。[10]

这似乎不是最有用的阐述方式，因为它基本上重述了宪法文本。但它确实提供了关于"无法"的目的性描述；问题的关键始终在于他是否能够履行其宪法职权。如果总统的身体或认知问题使他很难或无法做他应做的事情，那么应当适用第二十五修正案。在国会通过该修正案的建议文本的前一周，参议员拜尔和参议员爱德华·肯尼迪（Edward M. Kennedy）谈到过总统的"完全无力"，这个词可以理解为"身体或精神上无法行使其职权"。[11]

一些评论与这个观点一致，并指向了"因某种生理疾病或某些突发事故，总统失去意识或瘫痪"或"由于精神衰弱，无法或不愿作出任何合理决策，特别是退位的决策"的情形。[12] 但其他评论提出的观点比"全面无法"一词更为宽泛。前司法部长赫伯特·布鲁内尔（Herbert Brownell）指出"总统可能动手术"或"他的医生建议暂时停止他的正常行政事务，以便促进他的康复"的情况。[13] 疾病和手术尤其被认为是援引第三节的有力理由。

最大限度主义

国会对相对极端案例的关注，可见最大限度主义的解释逾越了界限。不能仅仅由副总统和内阁就能决定宣布总统"无力"的结论。毕竟，这个语境是由第二十五修正案涉及总统死亡或离职的前两款确定的，又被第四款的明确动机——在"无力"的情况下提供解决方案所凸显。第四节的明显动机强调了这一背景，即在总统"无力"的情况下提供解决方案。糟糕的判断、懒惰、无能，甚至是无法控制的行为都不能成为援引第二十五修正案的理由。[14]修正案提到的总统无力履行职权，需要是生理或是精神上受到非常严重的损害。

因此，若要援引修正案，副总统和内阁必须能够指出存在此类损害的存在。他们不能随自己心意而将总统撤职。特别是，他们不能因为不喜欢他的决定，因为他不受欢迎，或者他正在损害他的政党，或者他脾气暴躁，或者他要打仗（或者不打仗），或者他正在破坏经济，或者他犯了一个或多个罪行，或者他无法处理问题，就罢免他。换而言之，他们可能会提出，甚至坚信他"无法"履行其宪法职能，但这不是修正案的目的。

在此我们应该注意，尽管第二十五修正案的最大化限度主义是错误的，但它可能不会产生太大危害。毕竟，这是总统自己选择的团队，该团队成员可能对他非常忠诚。与弹劾条款大相径庭的是，第二十五修正案是让总统的人马进行操作（除非国会决定将权力授予其他机构，而且此类事情尚未发生过）。真正的风险并非第二十五修正案在不应该被援引的情况下被援引，而是在它应该被援引时没有被援引。

如果发挥一下我们的想象力，我们可能会预见某种政变，一位雄心勃勃的副总统渴望夺取权力，并能够让内阁跟他站在一边夺取了并非无力履行职权的总统的权力。但这似乎是一个电视剧，而非现实。（除了《纸牌屋》，还有其他的吗?）我们还可以想象一个真正奇怪的政治背景，在任总统正在摧毁他自己党派的前途，或者他的决定看起来具有破坏力、不合常理，甚至对他的子民而言也是一样。他必须被免职。在这种情况下，罢免他的声浪可能会极其浩大。但即便如此，最大限度主义的立场也是错误的。宪法规定的具体补救措施是投票箱或可能存在的弹劾，而非第二十五修正案。

最低限度主义

同理判断，我们应该承认最低限度主义的立场太弱，所以它也应当被摈弃。这是一个非常重要的结论，实际上，比摈弃最大限度主义更为重要。

尽管提到"完全无力"，但即使总统实际上并不是无法作出决定，也可能无法履行职权。严重的认知障碍，比如阿尔茨海默病的某个阶段可能不会导致完全的机能缺失，但可能导致记忆衰退和身体机能丧失。这样的机能衰退很容易让总统无法完成工作。在这种情况下，最好把第二十五修正案解读为允许总统的团队罢免他的职责。

我们还可以想象急性抑郁症、严重焦虑、偏执或其他严重情绪崩溃的情况，即使总统并非完全不能做出决定，这些也是虚弱的表现。这种虚弱可能会导致高度不稳定的行为（正如有些人担心会出现约翰逊和尼克松总统的情况），或者可能会导致总统的犹豫不决、无法做决定。如果形势过于严峻，可能会使总统处于第二十五修正案所谓的"无力"履行职权的状态。

至少，如果达不到极端情形，身体机能丧失也可能会导致复杂情况。确实，即使是暂时的不省人事，适用修正案也会是合理的，如果总统进行了强力麻醉，也是一个极好的适用机会。这些要点涉及医疗程序，2002 年，乔治·布什总统援引了第二十五修正案，在结肠直肠筛查期间将权力移交给副总统迪克·切尼（Dick Cheney），在 2007 年他做肠息肉手术时，他同样把权力移交了几个小时。

长期的、持续的国内或国外旅行，将使总统履行职责变得更难，但尽管参议员拜尔有这样的评论（"任何类型的无法，无论是从一个国家旅行到另一个国家"），这还不至于让他"无力"。至于第二十五修正案的宗旨，一切都取决于身体机能丧失的程度。加菲尔德总统和威尔逊总统的案例很简单，如果总统身体机能受损的程度接近于他们，那么就可适用第二十五修正案。没有达到那个程度的身体机能丧失可能会使问题变得很棘手。

简单情形与复杂情形

极度不受欢迎、性格不佳、腐败和糟糕的决策的情况是简单情形，不适用第二十五修正案。这些情况与该修正案无关。总统完全无力作出决定的情况；第二十五修正案可以而且应当适用。这就是它的目的所在。

由于身体或精神上的严重损伤导致的能力下降会导致复杂情形。在这种情况下，没有简单易行的规则可适用。第二十五修正案条文最佳的适用方案是制度性的：如果总统自己的团队指出这种机能上的损害，并得出结论他必须离职，那么，他也就必须离职。

第九章

美国人民应了解什么

前文对弹劾的基本原则、它与美国独立革命的关系、它在宪法结构中的地位、历史实践，以及罢免总统的合法和非法理由，都做了清楚的介绍。我们知道启动它的重点是严重滥用职权。

不过还剩下许多问题。让我们来回答最重要的那些。我们之前曾碰见过其中一些问题，而爽快的回答可以让答案更加清晰。

谁可以被弹劾？

总统、副总统和全体文官。

"文官"是个宽泛的术语，它包括联邦法官和联邦政府行政官员，无论职位高低。司法部长当然可以被弹劾，国务卿如此，美国首席大法官亦如此。（在奥巴马政府期间，我曾担任信息和管理事务办公室主任，我当然也可被弹劾。）为了简单起见，我在本章中将只说总统，但大多数答案也适用于副总统和全体文官。

人们普遍认为，国会议员不是美国文官，因此不受弹劾。陆队军官、海军军官以及武装部队其他职位亦不被视为美国文官。

谁来弹劾总统？

众议院。通过简单多数投票来实现。

为什么制宪者们选择众议院？

其成员每两年选举一次，因此众议院比参议院更能反映人民的想法。因为共和主义原则非常重视自治，所以众议院是触发罢免总统程序的机构。

为什么采取简单多数原则？

制宪者们和宪法批准者不想让弹劾变得太难。难度要有，但不要太难。

弹劾是否意味着总统必须离职？

并不是！弹劾有点类似于起诉，而后参议院会像法庭一样运作，进行审判并判决是否给他"定罪"。如果参议院判定总统有罪，他就会被罢免。如果他是无罪的，即使被弹劾，他也会留任。

此外还有更多细节：根据宪法，弹劾投票将全国性辩论从众议院转移到参议院，参议院可以撤换总统，但只有三分之二多数投票才可以罢免总统。门槛非常高。因为门槛是如此之高，任何弹劾都可能是徒劳的，至少在以罢免总统为目的之时。在某些情况下，甚至在众议院许多议员对总统非常不满的情况下，弹劾的潜在无效性也可能阻碍众议院的进程。

为了理解参议院在整个弹劾过程中的作用，还要注意到根据宪法，为审讯弹劾案而开庭时参议员需宣誓，即"按照宪法和法律公正断案"。[1]这个宣誓与参议员的就职宣誓是不同的。它标志着这一场合的独特庄严性。让我们强调一下"公正"这个词，这表明参议员应该像法官而非政治家那样行事。

如果总统被弹劾且由参议院进行审判，众议院议员将继续发挥重要作用，即挑选像检察官一样的"管理人员"。他们负责提出定罪论据。基于这个角色定位，众议院选择优秀律师作为成员是很有意义的。事实上，在少数的几个弹劾案例中就试图做到这一点。（"试图"这个词是可谓深思熟虑，例如在克林顿的弹劾程序中，律师可能就谈不上优秀。）

这种非常复杂的制度安排的目的是什么？

支持弹劾和罢免总统的制宪代表们想要完成一件很困难的事情。他们试图建立一个安全阀，在保持权力分立的同时，确保总统不会成为国会的附庸。

"重罪和严重行为不端"这个门槛是促进这些目标的第一种方式。第二种方式是建立制度保障，确保除非存在总统必须离职的全国性的共识，否则他无需离职。约翰逊总统和克林顿总统的弹劾案件表明，参议院三分之二多数投票是一项重要而且强大的保障措施。

因为参议院成员任期六年，是不那么平民主义的机构，制宪者们认为它会更加审慎、更慢、更冷静，不那么激情，也更具有反思性。对于如何罢免最高长官，这是一个具有强烈共和主义色彩的答

案。正如一份谨慎的历史记载所说："宪法把这份工作交给了参议
院，因为代表们希望上议院依靠自己的智慧、信息、恒心甚至性情
……因此，美国弹劾审判三分之二多数的要求，是美国本土原创与
英国惯例的混合，表达了真正的共和妥协。"[2]

根据一个古老的故事，托马斯·杰斐逊热衷于自治，他认为参
议院可能会成为"我们人民"的判决阻碍，从而质疑乔治·华盛顿
支持两个立法院的想法。

华盛顿的回应很简单："为什么你刚才喝咖啡之前，要把咖啡
倒进你的茶碟里？"

"让咖啡冷却"，杰斐逊回答说，"我的喉咙可不是用黄铜制
成的。"

"就是这样"，华盛顿反驳道，"我们将立法倒入参议院的茶碟
中，让它冷却。"[3]

至于整个弹劾和罢免程序，也是用参议院这个"茶碟"来
冷却。

参议院的弹劾定罪标准与众议院启动弹劾程序标准是否相同？

从技术上讲是相同的。在实践中两者接近，但不完全相同。

说相同，因为启动弹劾或弹劾定罪，必须要提供叛国、贿赂或
其他重罪和严重行为不端的证据。它们的标准都是相同的。

说不完全相同，是因为启动弹劾程序本身并不会产生任何实质
性后果，而弹劾定罪会导致总统被罢免。鉴于这一事实，参议院可
能比众议院要求更明确和更有力的证据。回想一下，参议院此时会

基本上像个法庭一样运作。

宪法程序真的是共和主义的吗？

你可以对此问题保留意见。

共和主义是一个非常抽象的信念。如果你坚持人民自治，可能会坚持认为，如果众议院多数议员认为有人应该被解职罢免，那这就够了。但还有另一种观点，彼得·查尔斯·霍弗和娜塔利·赫尔教授说得很清楚。他们写道："参议院三分之二多数的定罪要求是启动弹劾和弹劾审判程序的共和主义基石。它确保了参议院能够像上议院在听证和裁决案件时那样深思熟虑，而不带有任何英国式的贵族气息。"[4]

弹劾是刑事诉讼吗？

不完全是，即使总统因刑事犯罪行为被弹劾和罢免，他也不会因弹劾而受到刑事处罚。他失去的是工作，而非自由。如果他因刑事犯罪行为被弹劾，而后被定罪，在离职后他将在普通法院受到刑事起诉（见下文）。正如我们所见，总统可以因不是刑事犯罪的罪行而被弹劾。

假设弹劾是违宪的。联邦法院可以阻止吗？最高法院可以介入吗？

不可以。宪法将弹劾权和定罪权交给国会，而非司法机构。如果弹劾和定罪违反了宪法的标准，则没有法律补救措施。

我这么说是有十足把握的，但也要坦率地承认：这并不是100%明确（超过了99%，但不是100%）。假设弹劾总统显然不符合宪法要求，并假设他到联邦法院给予宣告式判决（declaratory judgment），准确地说，是要求法院进行干预。你可能会问，为什么法院不能维护宪法？这不是他们的工作吗？

从技术角度上讲，这些问题被视为"政治问题"（political question），这意味着宪法要求其他政府部门来解决这些问题。最高法院已经非常接近于给予判决，甚至可能被视为已经给予判决，弹劾就是一个例子。[5]当然，我们都热切希望任何一位总统都不会因为尚未到达宪法弹劾标准的罪行而被弹劾或罢免。至少美国历史表明，这种罢免是不太可能的，因为弹劾过程的政治保障措施也起了作用。（正如我们所见，克林顿和约翰逊总统的弹劾违反了宪法标准，两位总统都没有被定罪。）

最高法院首席大法官的作用是什么？

根据宪法，首席大法官在众议院弹劾程序中没有任何作用，但他确实要主持参议院的审判。在约翰逊总统弹劾案中，大法官萨尔门·蔡斯（Salmon Chase）是主审法官；大法官威廉·伦奎斯特主持了克林顿总统弹劾案。但主审法官的作用非常有限。他监督审判，解决法律技术上的问题，但不太可能有任何权力把审判推向他偏好的方向。

在美国历史上的两次总统弹劾程序中，首席大法官发挥的作用很小。因为首席大法官在参议院主审是一件非常重大的事件，人们对他会非常关注，但关键决定还是由参议员们做出的。

假设总统无力履行职权。或许他遭受严重的身体伤害、罹患疾病或身体损伤；或许他正在失去理智。他可以被弹劾吗？

不能。

在某个宪法问题上与詹姆斯·麦迪逊意见相左是很冒险和草率的，但我正在这么做。你可能还记得，在制宪会议上，麦迪逊指出无力履行职权是弹劾理由之一。但是，当他这样做时，他谈及的是宪法文本的早期版本，当时可能容许这种解释。就其本身而言，无力履行职权并不属于叛国、贿赂或其他重罪和严重行为不端。

如果总统无法履行职权，你可能会问，有什么能做的吗？简单的答案是，第二十五修正案就是针对此问题而设计的。但你可能会坚持问：假设即使对任何客观的旁观者而言，总统无力履行职权也是非常明显的，但总统及其团队仍拒绝适用第二十五修正案。那该怎么办？

答案是，弹劾可能会变得可行，这并不是因为总统无法履行职权，而是因为严重滥用职权或疏忽职守（严重行为不端），这些罪行可通过作为和不作为表现出来。如果总统无法作出决定或作出理性决定，并且如果有严重不当行为证明了这一事实，那么众议院就可以弹劾他。

弹劾的潜在可能会对在任总统产生影响吗？

问得好，我们没有很多证据来证实，但答案是肯定的。

在里根总统时代的伊朗门事件期间（如果你愿意，可以查一查），曾出现过弹劾的萌芽。1984 年在白宫战情室召开的一次会议上，国家安全小组成员讨论了是否向尼加拉瓜海峡反叛分子提供资金、怎么提供、提供多少的事宜（国会禁止直接拨款）。国务卿乔治·舒尔茨（George Shultz）重复了他从詹姆斯·贝克（James Baker）那里听到的一个警告："如果我们企图从第三国获取资金，这是一种可弹劾的罪行。"[6]

说一则个人经历：当我在奥巴马政府任职时，国会威胁说不要提高债务上限，这可能给美国和世界带来严重的经济困难。如果不提高债务上限，美国可能会有债务违约，导致国际经济体系出现混乱。一些律师认为，如果国会不采取行动，总统有权自行提高债务上限。我参与了白宫关于这个问题的一些讨论，并且认为这种观点有道理（尽管大多数宪法专家都不这么认为）。

但一些总统立法顾问警告说，如果奥巴马总统确实自行提高了债务上限，他可能会受到严厉的弹劾调查，特别是在共和党人在众议院中占多数的情况下。我不知道奥巴马总统是否受到这种猜测的影响，但这种可能性确实引起了顾问们的注意。

在这个问题上，宪法框架依然很有帮助。如果总统自行提高了债务上限，那么只有当他没有基于善意的正当理由证明他有权这样做时，才有成为弹劾的理由。在我看来，任何一位总统都会有这样一个基于善意的正当理由。尽管如此，弹劾的可能性会在总统的头脑挥之不去。

如果总统犯下了可弹劾的罪行，那么众议院议员是否有义务投票弹劾他？参议员是否有义务投票给他定罪？

我认为，这两个问题的答案都是肯定的。

这两个答案肯定的原因是：我认为，宪法规定，如果总统真的犯了叛国、贿赂或其他重罪和严重行为不端，他必须被弹劾然后被罢免。即使总统出类拔萃、劳苦功高，如果他收受贿赂或叛国，也不能留任。

"我认为"的理由是：检察官有自由裁量权。假设你犯了法，如果在当时的情况下，检察官起诉你没什么意义，他可能不会起诉你。对于公民来说，这是一个很好的对自由的保障。（试问在过去20年里你是否犯了法——任何法律。可能你有？）通过这样的类比，"我们人民"通过我们选举产生的代表，也可以对弹劾权行使自由裁量权。也许我们可以决定：他犯下可怕罪行，但我们不会行使我们的自由裁量权将他罢免。也许我们会认为：他是个废物，但他是我们的废物，我们有点喜欢他。

但根据宪政的规划，我们无法作出这一决定。我认为是这样。

弹劾不就是一个政治问题吗？倘若如此，我们为什么还要如此关注法律标准呢？

多么愤世嫉俗的问题。

当然，民主党众议院更有可能弹劾共和党总统，而非弹劾民主党总统。当然，民主党可能因为达不到宪法要求的原因弹劾共和党总统，即使弹劾的宪法标准已经明显达标，共和党占多数的众议院也可能会拒绝弹劾共和党总统。因为任何总统都可能得到自己党派和相当比例的选民的忠诚支持，所以任何弹劾调查都会有很大的政治维度。正如我们所见，这是在历史上一清二楚的教训。（顺便说一句，美国政党崛起是在批准宪法之后；制宪者们没有预料到此种情况。）

但是，我们不要反应过度。我们还是一个法治国家，这意味着即使法律标准并不总是被遵守，法律还是很重要，法律标准也很重要。在克林顿总统被弹劾期间，那些违反法律标准并对其进行抨击的人仍然努力表明他们遵守了这一标准。法国思想家弗朗索瓦·德·拉罗什福科（de la Rochefoucauld）宣称："伪善是邪恶向美德的致敬。"[7] 即使法治有时会产生伪善，至少我们知道什么是邪恶，什么是美德。

了解弹劾的合法理由会对政治进程产生自律效应。有一部分原因是因为弹劾的门槛如此之高，以至于总统的政敌很少诉诸弹劾机制。被鄙视的总统和糟糕的总统几乎从未被弹劾，这是对法治的致敬。

总统是否会因其在职期间的公务行为而受到民事起诉？

不，他不会。

1982 年，在尼克松诉菲茨杰拉德案中，最高法院以 5 票对 4 票裁定，尼克松总统享有绝对豁免权。[8] 强调总统"在宪政规划中占有独特的地位"。法院裁决认为："总统的职责有极端重要性，因顾虑私人诉讼而转移了他的精力，将会给政府的有效运作带来特有的风险。"因此，对于在职期间的所有公务行为，总统享有完全的豁免权。这条规则适用于现任和前任总统。法院指出，"总统绝对豁免规则不会让国家受制于行政长官的不当行为而得不到充分保护。弹劾的宪法补救措施仍然有效。"

如果诉讼依据不涉及总统的公务行为，那么他在职期间是否可以被民事起诉？

是的，他可以。

1997 年，在琼斯诉克林顿一案中，最高法院全票作出裁决。[9] 该裁决的理论依据是宪法中没有任何内容明确禁止对总统予以这种民事起诉；对总统此类行为的豁免应基于宪法其他一般条款的推论；也没有可以适当推导出豁免权的条款规定。法院协调了本案与尼克松诉菲茨杰拉德案的结论，强调在那个案件中，公务行为是诉讼的基础："然而，从宪法上下文中可推断，显然我们的主要顾虑是由于多余地担心可能导致损害赔偿诉讼，在决策过程中总统的注意力被从任何具体的公务行为上转移了。"

在琼斯诉克林顿案中，最高法院的裁决并不是完全清晰。正如尼克松诉菲茨杰拉德案一样，在此案中也是如此：鉴于"总统职责的极端重要性，因顾虑私人诉讼而转移了他的精力，将会给政府的有效运作带来特有的风险"。无论诉讼是否涉及公务行为，都可以合理地认为，它会严重干扰他履行宪法法定职责的能力。处理诉讼是一个沉重的负担。对很多人来说，这都是个费时费力的事。如果面临诉讼，总统真的可以履行职权吗？

最高法院承认了这一顾虑。它提到："我们的决定将产生大量有政治动机的骚扰和毫无意义的诉讼的风险，国家安全所顾虑的危险可能会妨碍总统解释他留任的合法必要性。"但最高法院回答说，风险并非那么严重，法律体系可以处理这些问题："虽然可能出现安排的问题，但没有理由认为地区法院无法满足总统的需要，也不忠于惯例，特别是在涉及国家安全的事务中会'最大限度地尊重总统职责'。"

确实，在琼斯诉克林顿案多年后，我们无法完全确定如今的最高法院是否会允许对现任总统提起诉讼。但法院不愿否决它自己的先例，因此我们可以肯定，提起诉讼是可行的。

总统在任期间可以被刑事起诉吗？

最高法院没有回答这个问题，所以法律技术性的答案是：不清楚。我自己的答案则不同：不可以。不可否认，这是一个很难回答的问题，一个宪法之谜。

宪法的弹劾条款可以理解为：针对总统任职期间的不当行为，恰如其分的应对是罢免，而非刑事起诉。回顾一下宪法条文："对弹劾案的裁决，不得超过罢免职务、取消担任或享有联邦荣誉职务、受托职务、受薪职务的资格；但是，对确证有罪者仍可依法起诉、审讯、裁决、处罚。"你可以很容易把这些语言视为暗示一个优先级：首先是弹劾，然后是裁决和罢免，然后是起诉。

在《联邦论》第 69 篇中，亚历山大·汉密尔顿似乎是完全按照这样的方式来理解该条款："美国总统，可以弹劾，可以审讯，若确认犯有叛国罪、贪污受贿，其他重罪和严重行为不端，可以罢免；去职之后，还可在普通法庭上对他提起诉讼，给予惩处。""去职之后"这个词似乎意味着你不能起诉和审判现任总统。他必须先被弹劾和罢免。

的确，这种解释并非不可避免。你可以把宪法条文解读为仅仅意味着定罪的后果是被罢免，被定罪的总统可以被起诉，但这是要保持沉默，而不是去解决。根据这一解释，宪法中没有任何规定排除因妨碍司法公正或伪证罪对总统进行起诉。他可能会因此被起诉和弹劾。

也许如此。但即使这种观点令人信服，在尼克松诉菲茨杰拉德案的基础上，还有另一个理由认为总统在在职期间不会受到刑事起诉。与民事诉讼不同，刑事诉讼会产生一种独特的耻辱感和威慑力，因此总统执行宪法规定职责的能力会切实受到威胁。在尼克松诉菲茨杰拉德案中，有一种观点认为，如果总统因公务行为而被起诉，那么可以证明如下结论：倘若总统不因这种行为被民事起诉，则他也不会因这种行为而被刑事起诉。

倘若如此，琼斯诉克林顿案提出的真正问题是，他能否因非公务行为而被刑事起诉？例如他在成为总统之前所从事的行为，或那些不属于其官方职责的行为。我个人认为，鉴于刑事诉讼的独特性，总统在此情况下应当具有绝对豁免权，至少在他担任总统期间是这样。

没错，我们能想象出一些会对此结论提出质疑的案例。假设总统因逃税或扰乱社会治安行为而被起诉。也假设他不会因这种罪行而被弹劾。在这种情况下，弹劾不是可供选择的补救措施。这样的起诉真的会危及总统承担宪法责任的能力吗？这些都可一试，但有时清晰的界限要比逐案审判好很多。

总统在职期间可以被起诉吗？

我不这么认为。

这也是个尚未解决的问题，至少如果起诉是以非公务行为为基础的话。（用尼克松诉菲茨杰拉德案来解决这个问题是最好的，考虑到公务行为，答案是"不能"。）假设检察官想起诉，但承认总统在职期间不能受审。换而言之，检察官想提起公诉，但主张于总统在职期内暂停诉讼。

一方面，可以主张弹劾条款中没有任何规定禁止起诉，只要总统不受刑事审判，他当然可以履行职责。为了支持这一论点，检察官可以争辩说他并非谈及可弹劾的罪行，因此弹劾不能成为唯一的补救办法。另一方面，条文可能被解读为暗示弹劾是宪法规定的"起诉"在职总统的方式，而且不包括刑事起诉。虽然这样的起诉远不如实际审判那么令人烦扰，但并不容易被忽视。

虽然理性的人各持己见，但我的结论是，总统在职期间不能被起诉（在这儿我们越来越有专业性了）。

总统卸任后，是否可因其在担任总统前或在任期间犯下的罪行受到起诉？

让我们把这个问题变成三个不同的问题。第一：如果总统因刑事犯罪被弹劾和被罢免，他是否可因被弹劾的罪行而被起诉？绝对可以。弹劾条款的文本写得明确无误。

第二：前任总统是否可以因其在公务范围外从事的犯罪行为而被起诉？绝对可以。宪法中没有任何内容规定前总统能免于所得税欺诈或非法吸毒的起诉。

第三：前任总统可以因作为其公务行为的一部分所参与的犯罪行为而被起诉吗？目前尚不清楚，但可能不行。正如我们所见，尼克松诉菲茨杰拉德案制定了一项对总统公务行为中的一部分而采取的行动免受民事诉讼的绝对豁免规则，而且如果真正涉及公务行为，那么前总统同样享有免于刑事诉讼的绝对豁免权。（你可能不喜欢这个结论，我不确定我是不是喜欢，但事实确实如此。）

总统可以赦免自己吗

可能不行吧。唉，算了，来个痛快话：不行。

宪法规定："总统有权颁布缓刑和赦免反对联邦的行为，弹劾案件除外。"阅读该条款，你可以轻易地把法条解读成总统可以赦免任何人（弹劾案件除外），这也能推导出自我赦免。这是一个有争议性的理论。

该理论有一个条件是，如果总统用某种特定方式行使赦免权，那么他可能**因此**而被弹劾。如果总统说他会赦免任何被指控或定罪为强奸罪的人，他可能会被弹劾。如果总统因严重不当行为接受调查时赦免自己，以此来消除任何被起诉的风险，可以认为他犯下了宪法意义上的严重行为不端。这可以视为是滥用职权。

但这并没有回答这个问题。反对自我赦免的最佳论点是强调古老的法律谚语——"任何人不能做审判自己的法官。"如果总统自我赦免，那么他就违反了这条法律谚语。当然你可能会坚持认为制宪者们和宪法批准者们对君主制的整个理念深感敌意，不可能让总统把自己凌驾于正义之上。诚然，赦免条款似乎赋予了总统无限的权力（弹劾案件除外），但鉴于背景和上下文内容，不能认为他可以免受刑法的管辖。

我是这样认为的。

关于弹劾，当代美国人应该担心什么？

两件事情。

首先，极端的党派关系、虚假信息的快速传播（特别是在网络上）和各种行为偏见联合在一起，弹劾总统将导致不公正、有害并破坏政府的稳定。虚假新闻的问题当然与此有关。

社会科学家谈到"群体极化"（group polarization），这意味着当志趣相投的人聚在一起时，他们往往会走极端。社会科学家也谈到"信息流瀑"（informational cascades），即使信息是假的，也会从一个人迅速地传播给另一个人，结果导致许多人最终相信某事，不是因为他们有各自的理由认为它是真的，而是因为其他人似乎确信其事。由于"确认偏差"（confirmation bias）的存在，人们倾向于相信符合他们已经相信或想要相信的事情。这意味着人们很容易反应过激，即使可以轻松得到让他们平静下来的事实。

群体极化、信息流瀑和确认偏差在尼克松和克林顿弹劾案中都发挥了重要的作用。我们很容易想象，在此机制中，只要总统所在的政党不在众议院和参议院拥有多数席位，就会产生极其不公正和导致社会高度不稳定的弹劾案件。

但我认为无需过多担忧，得益于宪法的存在，我们生活在一个自由社会里。毕竟是总统赢得了选举，他自己的政党可能会支持他（除非他行事很糟糕），因为他有很多方式公开为自己辩护，并且弹劾过程很难，定罪更难，我们有很多保障措施来防止不公正地罢免最高长官。

其次，让人担忧的是未能在真正应适用的情况下适用弹劾机制。想象一下，总统有组织地过度使用行政职权，无视法律，愚弄三权分立制度。或者想象一下，他采取措施侵犯公民人权和公民自由，而没有任何基于善意的正当理由证明他有权这样做。在极端情况下，"我们人民"会开始认真地考虑弹劾吗？

可能不会。宪法保障是一个原因，另一个原因是政党忠诚。历史证明，共和党人极不情愿摈弃共和党总统，民主党亦如此。这意味着，只要总统的政党控制众议院，就不太可能启动弹劾，除非全国上下一片声讨领导人的情况，而定罪更是不可能。如果总统有组织地过度行使行政职权，威胁公民人权和公民自由，他很可能得到或能够得到众多美国人的支持，至少得到很大一部分选民的支持。"我们人民"最终将会怎么处理？

我不知道，但这值得担忧。

第十章

坚守共和

当我在马萨诸塞州瓦班村（Waban）长大的时候，家里每年要庆祝四个节日：圣诞节、复活节、感恩节和美国国庆节。对于孩子来说，圣诞节和复活节最好玩。但对一个孩子来说，感恩节和国庆节是最有意义的。

感恩节时，母亲会绕着餐桌，问我们每个人最感恩什么。我不喜欢这样的问题，因为我猜想我们会大声喊出来："父母双亲！"可母亲的问题循循善诱，令我深思。行为科学家认为，如果你想到感恩的事物，会感到更快乐更平和。我母亲明白这个道理。

但感恩节首先是国家节日，其次才是家庭庆典。很小的时候，母亲就告诉我新教徒庆祝感恩节的故事。据她所说，早在美国成立之前，新教徒就来到了我们这片土地上。他们在马萨诸塞州举行了庆祝晚宴，以表达对他们脚下的泥土以及身前食物的感激之情。她的叙述大体正确。第一个感恩节是 1621 年由五月花号上的新教徒庆祝的，即使在非常早期的美洲殖民地上也有先行者。

在学校，一年级时我们就把这些铭记于心，独立战争期间美国人也庆祝感恩节。1777 年，大陆会议首次发布了全国感恩节宣言。1789 年 10 月 3 日，乔治·华盛顿总统根据新宪法为国家建立了第一个感恩节。我不知道具体细节如何，但我确实知道有关华盛顿总统的一些重要而快乐的事："战争中第一人，和平中第一人，同胞心目中第一人！"[1]

对我来说，国庆节是感恩节家庭相册的完美闭幕。我父亲是名海军中尉，第二次世界大战期间在菲律宾作战。战争异常残酷，他两次死里逃生。（他最惨烈的故事是当他开车穿过某偏远地区时，发现一名日本狙击手正在瞄准他。他跪下来开车，看不到车往什么地方开，想尽办法不被射向他的几发子弹射中。）他并非多愁善感，可国庆节对他来说意义重大。棒球比赛奏响国歌的时候，他总会站起来，把手抚在胸前。

不过，是我母亲告诉了我一些关于托马斯·杰斐逊和他所写的《独立宣言》的事情。谢天谢地，节日主要是跟冰淇淋和网球有关，而非死去的人们和《独立宣言》。可仅就那一天而言，那段历久弥新的文字无处不在，就像一种祈祷，"我们认为以下真理是不言而喻：人人生而平等，造物主赋予他们一些不可转让的权利，其中包括生命权、自由权和追求幸福的权利"。

如果今天读到这段文字，你可能会感到惊讶。很多文字是针对"现任大不列颠国王"的一系列不满，那段历史是"反复伤人和篡权的历史。他所有的行为、直接目标，都指向在这些邦立建立独裁暴政"。它像一本刑事诉状或弹劾的罪状。例如：

※ "他拒绝批准立法，而立法权最能促进公共利益，是现实公共利益的必需。"

※ "他控制法官任期，随意改变法官薪水，使法官依附于他的个人意志。"

※ "他极力阻扰各邦增加人口，拖延批准外国人入籍法，拒绝批准其他鼓励移民的措施，抬高占用土地的费用。"

《独立宣言》的作者不喜欢君主制："一个君主，每一言每一行都显现出，他的本性实为暴君，不配治理人民。"他们最后承诺："我们坚信神明上苍的保佑，彼此盟誓，以生命、财产和神圣的荣誉支持这一誓言。"

他们遵守诺言，按诺言行事。签署《独立宣言》的56人中有9人在战争中死亡。有两个人在独立战争中失去了他们的儿子。至少有12人的家遭到掠夺，被烧毁。

无论是感恩节，还是其他任何一天，美国人都有很多值得感恩的事情。国旗上的星星在闪闪发光，旗帜还在挥舞。不久，《独立宣言》将迎来其签署250周年的纪念日。在全世界，美国一直是自由的灯塔。美国没有暴君，部分得益于宪法的设计。宪法仍然有效，经过多次修改，总是趋向完善，所以宪法甚至比其本身更为伟大。但麦迪逊、汉密尔顿及其同僚们制定的宪法基本框架和他们做出的大多数选择仍然未曾改变。

确实，我们也有很多关于压迫、残忍和背叛的故事。为了废除奴隶制竟然打了一场内战。直到 1920 年，妇女才有投票权。直到 1954 年，宪法依然允许各州进行种族隔离。直到 20 世纪 60 年代，言论自由才开花结果。但是，许多艰难的胜利都可以理解为是独立战争本身的产物，这场革命将人类平等尊严的原则置于国家愿景的中心。

当独立革命推翻了英国统治时，当宪法禁止贵族头衔时，反映并释放了一系列继续点燃星星之火的承诺。捍卫民权运动的马丁·路德·金（Martin Luther King, Jr.）坚持道："如果我们错了，那么美国宪法就错了。"[2] 更多的星星之火即将燃烧。正如约翰·杜威（John Dewey）说过的那样："美国尚未有所成就；它们的成就依然难以估量。"[3]

弹劾的力量给窥探美国共和制提供了一扇独特的窗口。它有助于定义美国例外主义。在 18 世纪或 21 世纪，如果没有某种行政权威，任何大国都不会蓬勃发展。根据汉密尔顿的理念，这种行政权力需要强而有力。与此同时，行政部门到目前为止是三权分立中最危险的部门，因为它可以在短时间内完成很多事情，不论是好还是坏。[4] 正如国父一代所见，权力强大的总统、四年任期制、选举制和弹劾权之间都是密不可分的。没有后三者，不可能有强大的总统。

与富兰克林的呼吁相呼应，最高法院大法官路易斯·布兰代斯试图为言论自由维护，他警告说："对自由最大的威胁是没有行动力的人民。"[5] 如果美国的宪法体系运行良好，或者至少足够好，"我们人民"就能够投票，爱我们的家人，过我们的生活。我们无需关注弹劾机制。但如果我们想要守住共和制，就需要了解它。这是我们的保护伞、我们的盾牌、我们的剑，我们用以自卫的终极武器。

而且它远不止于此。它是一个象征，提醒着人们是谁在真正当家作主，以及国家主权独立自主之所在。同我们美国建国文献的其他条款一样，它宣布美国人是公民，而非臣民。它将每一位公民，无论你的父母或者你在哪里出生，都与康科德那些戎装的农夫们，与1770年代中后期那些困难、激动人心的日子联结在一起，此时共和制依然在前行。

每当美国人民对某种形式的暴政（无论大小）进行反击时，我们都是在尊重那些为我们国家最高理念浴血奋战的人们。

致谢

　　本书是一封写给美国的情书，因此，写作的过程让人愉悦。能感谢帮助过自己的人也让我开心。

　　虽然我的经纪人莎拉·查尔凡特（Sarah Chalfant）是英国人，在我写本书之前，她非常友善地认为就该有这么一本书。我在哈佛大学出版社的编辑、真挚的朋友和爱国者托马斯·勒比恩（Thomas LeBien）对本书指导良多。他的支持、智慧和宽容让我如获至宝。文稿编辑朱莉娅·柯比（Julia Kirby）工作非常出色，让人叹服。

　　理查德·法伦（Richard Fallon）、约翰·戈德堡（John Goldberg）、玛莎·米诺（Martha Minow）、约翰·曼宁（John Manning）和达芙娜·勒南（Daphna Renan）慷慨地阅读了整篇手稿，并提供了极好的建议。特别感谢美国建国时期的重要历史学家迈克尔·克拉曼（Michael Klarman），他在定稿最后阶段非常仔细地阅读了全书，这使我免除了数十个错误。本书全程的合作伙伴马德琳·约瑟夫（Madeleine Joseph）在书稿多个阶段提供了出色的研究帮助和宝贵意见。沙姆·海德里（Shams Haidari）对宪法第二十五修正案提供了有益的研究。我的助理艾希礼·纳伦（Ashley Nahlen）对包括对弹劾问题研究在内的各项工作给予了非常有益的帮助。

多年来，我一直致力于研究弹劾这一主题，我早期的努力最终成为了刊于《宾夕法尼亚大学法律评论》1998 年第 278 卷中的《弹劾总统》一文。我很感谢《宾夕法尼亚大学法律评论》的编辑们能够允许重新审阅（同时修订）该文的各个部分，尤其是第三章和第四章。

我神奇的、充满爱心的妹妹琼·迈耶（Joan Meyer）帮我们找到了伍德之家，没有这栋房子，也不会有这本书。特别感谢这栋房子的建造者、美国独立革命家以法莲·伍德，以及这栋房子给予我的灵感。我们谁也无法想象 18 世纪 70 年代那些戎装的农夫们和革命家的容貌，但我用饱含感激的泪水对伍德先生致以感谢：住在你这栋房子里真是助益良多。特别感谢康科德的新朋友和邻居，感谢他们的热情好客和优雅从容。

我的父母玛丽安·古德里奇·桑斯坦（Marian Goodrich Sunstein）和凯斯·理查德·桑斯坦（Cass Richard Sunstein）早已离去，但我母亲坚持让我了解一些美国建国文献，以及我父亲从未引人注目的、毫不起眼的爱国热忱，都对我的童年助益良多。我心爱的妻子萨曼莎·鲍威尔（Samantha Power）在爱尔兰长大，但她以身为美国公民而感到荣幸和自豪，是她让本书更加完美。如果美国独立战争时期她曾住在康科德，英国统治的全面溃败将更快到来。

注释

第一章　庄严与神秘

1. 这个故事有很多版本，这里讲的是我自己最喜欢的一个。

2. Alexander Hamilton, "*Federalist* No. 1," in *The Federalist*, ed. Cass R. Sunstein (Cambridge, MA: Harvard University Press, 2009), 1.

3. 119 Congressional Record 11913 (April 15, 1970).

4. Aaron Blake, "Impeach Trump? Most Democrats Already Say 'Yes,'" *Washington Post*, February 24, 2017.

5. Ralph Waldo Emerson, "Concord Hymn, Sung at the Completion of the Battle Monument, July 4, 1837," in *The Collected Works of Ralph Waldo Emerson*, vol. 9: *Poems: A Variorum Edition*, ed. Albert J. von Frank and Thomas Wortham (Cambridge, MA: Belknap Press of Harvard University Press, 2015), 307.

6. Ezra Ripley, With Other Citizens of Concord, *A History of the Fight At Concord, on the* 19th *of April*, 1775 (Concord, MA: Allen & Atwill, 1827).

7. Quoted in Betsy Levinson, "Home Portrait: Country Charm Meets Modern Amenities," Wicked Local Concord, October 5, 2015.

8. Roger Sherman Hoar, "The Invention of Constitutional Conventions," *The*

Constitutional Review, vol. 2, no. 2 (April 1918).

第二章　从国王到总统

1. Patrick Henry, "Give Me Liberty or Give Me Death" (speech, Richmond, VA, March 23, 1775), Avalon Project, http: // avalon. law. yale. edu/18th_century/patrick. asp.

2. Charles de Secondat, Baron de Montesquieu, *The Spirit of Laws* (London: George Bell and Sons, 1906), 8.

3. Gordon S. Wood, *The Radicalism of the American Revolution* (New York: Vintage Books, 1993).

4. Ibid. , 29.

5. Ibid. , 29-30; 斜体是原文所加。

6. Ibid. , 6.

7. Ibid. , 6, 5.

8. David Hume, "Whether the British Government Inclines More to Absolute Monarchy, or to a Republic" (Essay VII of Essays, Moral, Political, and Literary, 1764), in *Complete Works of David Hume* (Hastings, UK: Delphi Classics, 2016), 11271.

9. Thomas Paine, quoted in Wood, *Radicalism*, 168.

10. John Adams to Richard Cranch, August 2, 1776, quoted in Wood, *Radicalism*, 169.

11. David Ramsay, quoted in Wood, *Radicalism*, 169.

12. Thomas Paine, "Letter to the Abbe Raynal," in *Life and Writings*

of Thomas Paine, ed. Daniel Edwin Wheeler (New York: Vincent Parke and Company, 1908), 242.

13. Wood, *Radicalism*, 7.

14. Walt Whitman, "Leaves of Grass," in *The Complete Poems*, ed. Francis Murphy (New York: Penguin, 1996), 303.

15. Bob Dylan, "It's Alright, Ma (I'm Only Bleeding)," in *Bringing It All Back Home*, Columbia Records, CS 9128, 1965. Vinyl.

16. 根据《邦联条约》，国会也设有总统，但这个职位很大程度上是礼仪性的，对于这一时期的精彩讨论可见 Michael Klarman, *The Founder's Coup* (New York: Oxford University Press, 2016)。

17. James Madison to Edmund Randolph, February 25, 1787, *Founders Online*, National Archives, http://founders.archives.gov/documents/Madison/01-09-02-0154; James Madison to Edmund Pendleton, February 24, 1787, *Founders Online*, National Archives, https://founders.archives.gov/documents/Madison/01-09-02-0151.

18. "Proceedings of Commissioners to Remedy Defects of the Federal Government," Annapolis, September 11, 1786. Available at avalon.law.yale.edu/18th_century/annapoli.asp#1.

19. James Madison, "Friday June 1st 1787," in *Records of the Federal Convention of 1787*, ed. Max Farrand, 4 vols. (New Haven: Yale University Press, 1911), 1: 64.

20. Ibid.

21. James Madison, "Tuesday July 24," in Farrand, *Records*, 2: 99.

22. James Madison, "Saturday June 2," in Farrand, *Records*, 1: 85. 对于迪金森的权威研究，可见 Jane E. Calvert, *Quaker Constitutionalism and the Political Thought of John Dickinson* (Cambridge: Cambridge University Press, 2008)。

23. Alexander Hamilton, "Federalist No. 69," in *The Federalist*, ed. Cass R. Sunstein (Cambridge, MA: Harvard University Press, 2009), 451-458.

24. Alexander Hamilton, "Federalist No. 70," in *The Federalist*, ed. Sunstein, 461.

25. Ibid. , 465.

26. Ibid. , 464.

第三章　谁能凌驾于正义之上？

1. Peter C. Hoffer and N. E. H. Hul , *Impeachment in America, 1635-1805* (New Haven: Yale University Press, 1984) .

2. Richard J. Elis, *Founding the American Presidency* (Lanham, MD: Rowman & Littlefield, 1999), 234.

3. Raoul Berger, *Impeachment: The Constitutional Problems* (Cambridge, MA: Harvard University Press, 1973), 1.

4. Edmund Burke, "Thoughts on the Cause of the Present Discontents" (originally published as a pamphlet in 1770), in *The Portable Edmund Burke*, ed. Isaac Kramnick (New York: Penguin Books, 1999), 133 - 134.

5. Clayton Roberts, "The Law of Impeachment in Stuart England: A Reply to Raoul Berger," 84 *Yale Law Journal* (June 1975), 1419, 1431. 伯格认为这一术语第一次出现在 1386 年, 见 Berger, note 3 above, at 59, 但罗伯茨证明伯格在这点上搞错了。

6. 很有意思的是, 根据罗伯茨的观察: "下议院确实试图创造一类并不违反现有法律的政治犯罪, 但上议院坚决反对这一弹劾理论。" Roberts, note 5 above, at 1436。

7. Berger, *Impeachment*, 64. 一些复杂之处, 见 Clayton Roberts, "Law of Impeachment"。

8. Berger, *Impeachment*, 66.

9. Ibid., 67-68. 伯格从 Howell's State Trials (London, 1809 - 1826) 中抽取的案例是选择性的, 我所选择的这组是伯格认为援引 "重罪和严重行为不端" 犯罪指控的案例。

10. Hoffer and Hul, *Impeachment in America*, 49-56.

11. Ibid., 56.

12. Ibid., 163.

13. Ibid., 68.

14. Ibid., 69.

15. Ibid., 76.

16. Ibid., 69-70.

17. Ibid., 95.

18. Thomas Jefferson, "Proposed Constitution for Virginia," in *The Life and Writings of Thomas Jefferson*, ed. S. E. Forman (Indianapolis:

Bowen-Merrill Company, 1099).

19. James Madison, "Observations on Jefferson's Draft of a Constitution for Virginia," 15 October 1788, *Life and Writings of Thomas Jefferson*.

20. Hoffer and Hul , *Impeachment in America* , 78.

21. Ibid.

22. James Madison, "Virginia Plan, May 29," in *The Records of the Federal Convention of 1787*, ed. Max Farrand, 4 vols. (New Haven: Yale University Press, 1911), 1: 22.

23. "The New Jersey Plan, 15 June 1787," *Founders Online*, National Archives, http: //founders. archives. gov/documents/Washington/04-05-02-0207.

24. James Madison, "June 18," in Farrand, *Records*, 1: 282 - 293.

25. Madison, "Virginia Plan, May 29," 1: 22.

26. James Madison, "June 2," in Farrand, *Records* , 1: 85.

27. Quoted in Mark David Hal , *Roger Sherman and the Creation of the American Republic* (New York: Oxford University Press, 2013), 2.

28. James Madison, "June 2," in Farrand, *Records*, 1: 85.

29. Ibid.

30. James Madison, "June 2," in Farrand, *Records* , 1: 88.

31. Hoffer and Hul , *Impeachment in America*, 98.

32. "Journal, June 2, 1787," in Farrand, *Records*, 1: 78.

33. Ibid. , 1: 77

34. "Journal, June 13, 1787," in Farrand, *Records*, 1: 226.

35. James Madison, "June 18," in Farrand, *Records*, 1: 292.

36. James Madison, "July 20," in Farrand, *Records*, 2: 65.

37. Ibid., 2: 64.

38. Ibid., 2: 66.

39. Ibid., 2: 65.

40. Ibid., 2: 67.

41. Ibid., 2: 65.

42. Ibid.

43. Ibid., 2: 66.

44. Ibid.

45. Ibid.

46. Ibid., 2: 65.

47. Ibid.

48. Ibid., 2: 69.

49. James Madison, "August 6," in Farrand, *Records*, 2: 186.

50. "Journal, August 20," in Farrand, *Records*, 2: 337.

51. "Journal, September 4," in Farrand, *Records*, 2: 495.

52. James Madison, "September 8," in Farrand, *Records*, 2: 550.

53. Hoffer and Hul, *Impeachment in America*, 68.

54. Ibid.

55. James Madison, "September 8," in Farrand, *Records*, 2: 551.

56. James Madison, "Observations on Jefferson's Draft of a Constitu-

tion for Virginia," in *The Papers of James Madison*, ed. William T. Hutchinson and William M. E. Rachal, 17 vols. (Chicago: University of Chicago Press, 1962-1991), 10: 77.

57. James Madison, "September 8," in Farrand, *Records*, 2: 551.

58. Ibid.

59. Ibid.

60. Alexander Hamilton, "Federalist No. 66," in *The Federalist Papers*, ed. Ian Shapiro (New Haven: Yale University Press, 2014), 335.

61. James Madison, "June 2," in Farrand, *Records*, 1: 85-86.

62. James Madison, "September 8," in Farrand, *Records*, 2: 550.

63. 实际上，有人认为，在梅森心目中，他所理解的"行政渎职"也可被视为重罪和严重行为不端，Hoffer and Hul，*Impeachment in America*，101。

第四章　民心所向

1. 麦迪逊向后来成为哈佛大学校长的历史学家贾里德·斯帕克斯（Jared Sparks）提出了一种解释，斯帕克斯转述如下："这些观点千差万别，起初它们是如此粗糙，以至于在形成任何统一的观点体系之前，有必要对它们进行长时间的辩论。同时，参会成员们的思想也在改变，一种顺从与随和的精神将使他们获益匪浅。如果成员们的言论一开始就被公开，接下来他们就可能因为一致性的要求而固守自己的立场，而如果是秘密讨论，就没有人会觉得自己需要被迫保留自己的意见，只要他们觉得自己的行为得体、观点真实，都会乐于参与辩论。" 见 Jared Sparks, "Journal," in *The Records of the Federal Convention of 1787*, ed. Max Farrand, 4 vols. (New Haven: Yale University Press, 1911), 3: 479。

2. Gordon S. Wood, *The Creation of the American Republic*, 1776 – 1787, rev. ed. (Chapel Hill: University of North Carolina Press, 1998), 523.

3. Alexander Hamilton, "*Federalist* No. 65," in *The Federalist Papers*, ed. Ian Shapiro (New Haven: Yale University Press, 2014), 330-331.

4. Cassius II, "To Richard Henry Lee, Virginia In de pen dent Chronicle, April 9, 1788," in *The Documentary History of the Ratification of the Constitution, Digital Edition*, ed. John P. Kaminski et al. (Charlottesville: University of Virginia Press, 2009).

5. "Virginia Ratification Debates, June 18, 1788," in *The Documentary History of the Ratification*.

6. "In Convention, Richmond, June 18, 1788," in *The Debates in the Several State Conventions on the Adoption of the Constitution*, ed. Jonathan Eliot, 5 vols. (Washington, DC: Taylor and Maury, 1863), 4: 498.

7. "The Virginia Convention, June 10, 1788," in *The Documentary History of the Ratification*.

8. "The Virginia Convention, June 17, 1788," in *The Documentary History of the Ratification*.

9. 在律师中，关于薪酬条款是否适用于总统有着激烈的辩论。伦道夫的评论是支持薪酬条款适用于总统的一个观点。

10. "July 28, 1788," in Debates in the Several State Conventions, 4: 126.

11. Ibid. , 126-127. 这些评论的内容有点让人迷惑；艾尔戴尔是在问参议院要如何应对这些行为。

12. Ibid. , 113.

13. Ibid. , 126; Peter C. Hoffer and N. E. H. Hul , *Impeachment in America*, 1635-1805 (New Haven: Yale University Press, 1984), 118.

14. Curtius III, "New York Daily Advertiser, November 3, 1787," in *The Documentary History of the Ratification*.

15. Cassius VI, "Massachusetts Gazette, December 21, 1787," in *The Documentary History of the Ratification*.

16. Americanus I, "Virginia Independent Chronicle, December 5, 1787," in *The Documentary History of the Ratification*.

17. U. S. Congress, *Annals of Congress*, 1st Congress, 1789.

18. James Wilson, "Lectures on Law, Part 2, No. 1, Of the Constitutions of the United States and of Pennsylvania—of the Legislative Department," in *The Works of James Wilson*, ed. Robert G. McCloskey, 2 vols. (Cambridge, MA: Harvard University Press, 1967), 1: 426.

19. Ibid.

20. Joseph Story, *Commentaries on the Constitution of the United*

States, ed. Melville M. Bigelow, 2 vols. , 5th ed. (Boston: Little, Brown and Company, 1891), 1: 580-585.

21. William Rawle, *A View of the Constitution of the United States of America* (New York: Da Capo Press, 1970), 215.

第五章 解释宪法：一段插曲

1. Thurgood Marshal , Commentary, "Reflections on the Bicentennial of the United States Constitution," 101 *Harvard Law Review* 1, 5 (1987).

2. Antonin Scalia, interview on All Things Considered, "Scalia Vigorously Defends a 'Dead' Constitution," NPR, April 28, 2008, http://www. npr. org/templates/story/story. php? storyId=90011526.

3. 在这里我是把一些复杂的问题相提并论了。见 David A. Strauss, *The Living Constitution* (New York: Oxford University Press, 2010)。

4. Thomas Jefferson to Samuel Kercheval, June 12, 1816, in *The Life and Writings of Thomas Jefferson*, ed. S. E. Forman (Indianapolis: Bowen-Merrill Company, 1900), 172.

5. 原旨主义有很多类型。可参见 Lawrence B. Solum and Robert W. Bennett, *Constitutional Originalism: A Debate* (Ithaca, NY: Cornell University Press, 2011); Lawrence B. Solum, *Originalist Methodology*, 84. *University of Chicago Law Review* 269 (2017). 关于原旨主义的性质及对其最佳的辩护，Solum 的著作尤其具有启发性。

6. *Obergefell v. Hodges*, 135 S. Ct. 2584, 2598（2015）.

7. See Stephen Breyer, *Active Liberty*: *Interpreting Our Democratic Constitution*（New York：Vintage, 2005）.

8. See, for example, Ronald Dworkin, *Freedom's Law*: *The Moral Reading of the American Constitution*（Cambridge, MA：Harvard University Press, 1997）.

9. 专家们会注意到，在"美国诉尼克松"【506 U. S. 224（1993）】中，法院裁定，在弹劾程序中提出的程序问题是"不具有司法性的"（nonjusticiable），这意味着法院不能参与。这也是我的观点。正如法院所说，"司法机关，特别是最高法院，并没有被选中在弹劾中发挥任何作用"。

10. 根据这些观点，弹劾条款并不是宪法中原旨主义唯一能讲得通的部分，甚至那些通常不接受原旨主义的人也会这么认为。例如薪酬条款。环境没有相应地改变，司法判例很少，抛弃原初含义不见得能有什么改善。

第六章 美国式弹劾

1. C-SPAN, "Presidential Historians Survey, 2017: Total Scores/Overall Rankings," https：//www. c-span. org/presidentsurvey2017/? page=overal.

2. For the tale, see Peter C. Hoffer and N. E. H. Hul, *Impeachment in America*, 1635-1805（New Haven：Yale University Press, 1984）, 147.

3. Lyon G. Tyler, *The Letters and Times of the Tylers*, vol. 2 (Richmond, VA: Whittle and Shepperson, 1885), 177.

4. Asher C. Hinds and Clarence Cannon, *Hinds' precedents of the House of Representatives of the United States: including references to provisions of the Constitution, the laws, and decisions of the United States Senate*, vol. 3, Sec. 2398 (Washington D. C.: G. P. O, 1907), 821.

5. Ibid. , 822.

6. Alexander Hamilton, "*Federalist* No. 65" in *The Federalist Papers* (Mineola, NY: Dover Publications, 2014), 319.

7. Richard Nixon, "Annual Message to Congress on the State of the Union" (speech, Washington, D. C. , 1970), *The American Presidency Project*, http://www. presidency. ucsb. edu/ws/? pid = 2921.

8. 另一个没在这里讨论的议案涉及轰炸柬埔寨, 议案最终投票结果是 12 比 26, 未能通过。其文本值得注意: "尼克松在担任美国总统职务时, 违反了宪法誓言, 未能忠实地执行美国总统的职务, 并尽其所能维护、保护和捍卫美国宪法。他不顾宪法赋予的忠实执行法律的义务, 于 1969 年 3 月 17 日及其以后的时间, 授权、命令和批准向国会隐瞒有关美国在柬埔寨的轰炸行动, 削弱了国会宣布战争、拨款、筹集和援助军队的权力。" 对这个议案的讨论需要调查许多细节, 但就指控涉及在使用军力的情况下向国会作虚假陈述而言, 这至少处于在对弹劾正当理由的大致范围里。

9. 1 Debate on Articles of Impeachment, Hearings of the Committee on the Judiciary, House of Representatives, Ninety-Third Congress, 2nd

Session（July 27, 1974）, 301.

10. *United States v. Nixon*, 418 U. S. 683（1974）.

11. 这一判断与"参议院总统竞选活动特别委员会诉尼克松案"【Senate Select Committee on Presidential Campaign Activities v. Nixon, 498 F. 2d 725（D. C. Cir. 1974）】的分析大体一致。

12. 120 Congressional Record 27297（1974）; 1 Debate on Articles of Impeachment, Hearings of the Committee on the Judiciary, House of Representatives, Ninety-Third Congress, 2nd Session（July 30, 1974）, 489.

13. 关于"善意"的含义，见下文注释 26。

14. 120 Congressional Record 27296（1974）.

15. Ibid.

16. 1 Debate on Articles of Impeachment, Hearings of the Committee on the Judiciary, House of Representatives, Ninety-Third Congress, 2nd Session（July 19, 1974）, 447.

17. 120 Congressional Record 27296（1974）.

18. 我现在的假设是基于事实，指控是真实的，当然总统总是可以就事实提出质疑。

19. Kenneth Starr, *The Starr Report: The Official Report of the Independent Counsel's Investigation of the President*（New York: Public Affairs, 1998）, 179.

20. 斯塔尔的行为依然是个谜，他是我的朋友，我喜欢并仰慕他，我也相信无论他犯了什么错，其行为都没有恶意。他是一个非常正直的人，事业也非常杰出，我不相信他这么做是出于党争的原因。我的猜测是，他多年来对克林顿总统和他的不当行为的强烈关注最终（严重）扭曲了他的判断。对检察官和各类调查人员来说，这是一次教训。

21. United States Congress House Resolution Impeaching William Jefferson Clinton, President of the United States, for high crimes and misdemeanors. One Hundred Fifth Congress, 2nd Session, H. Res. 611 (1998).

22. 144 Congressional Record 12040 (1998).

23. United States Congress House Resolution Impeaching William Jefferson Clinton.

24. *Myers v. United States*, 272 U. S. 52 (1926). 法院裁定，总统可以在他愿意的时候辞掉行政官员，而国会无权干涉，除非参议院建议并同意这样做。

25. Tenure of Office Act, ch. 154, § 1, 14 Stat. 430, 430 (1867) (repealed 1887).

26. Hinds and Cannon, *Hinds' precedents*, vol. 3, Sec. 2420, 863.

27. 要符合我所理解的"善意"（good faith），所提出的理由必须在主观上被相信是正确的，并且在客观上也必须合理。约翰逊的理由符合这两个要求。根据宪法的背景，一个我所理解的基于善意的正当理由，应该足以免除总统犯下的重罪或严重行为不端。基于自己有权这样做的真诚且合理的信念而采取行动，这不构成"严重行为不端"。请注意，如果一位总统真诚地相信一个理由是正确的，但其实际上愚蠢或完全不可信，那么就无法通过这个"善意"的检验：一位总统真诚但荒谬地相信他有权参与一些不法的行动中，这并不能免除他的责任，他犯有严重行为不端。

28. *Myers v. United States*, 272 U. S. 52 (1926).

29. Congressional Globe, Fortieth Congress, Second Session 1400 (1868).

30. 2 Trial of Andrew Johnson, President of the United States, Before the Senate of the United States, On Impeachment by the House of Representatives for High Crimes and Misdemeanors (Washington, D. C.: GPO, 1868), 496-497.

31. United States House of Representatives, "List of Individuals Impeached by the House of Representatives," http://history. house. gov/Institution/Impeachment/Impeachment-List/.

32. Ibid.

33. 一个有关本案总体性的讨论，可见 William H. Rehnquist, *Grand Inquests: The Historic Impeachments of Justice Samuel Chase and President Andrew Johnson* (New York: Free Press, 1992)。

34. 一个限定条件是法官若是"行为端正"，则得以继续任职，见《美利坚合众国宪法》第三条第一款，这一规定当然不适用于总统。总统不会因"行为不佳"（bad behavior）而被撤职。因此，可能有人认为，对于法官而言，"行为端正"条款或许可以有资格与弹劾条款一并产生效力。它允许以更宽泛的理由——"行为不佳"来弹劾法官，而不仅仅是重罪和严重行为不端，或者说，在弹劾法官的背景下，重罪和严重行为不端可以被理解为包括不良行为。

但这个观点不太令人信服，法官不大会因"行为不佳"而被撤职；他们只能因"重罪和严重行为不端"而被罢免。"行为端正"条款的作用并不是给予国会更大的权力来罢免法官，它只是简单表明了法官通常都可有终身任期。国会没有权力罢免"行为不佳"的法官。

第七章　二十一则案例

1. Lorenz Eitner, ed., *Neoclassicism and Romanticism*, 1750-1850: *An Anthology of Sources and Documents* (New York: Harper and Row, 1989), 121.

2. "我谨在此庄严宣誓（或保证）：我将忠实履行联邦总统职责，尽自己的最佳判断和能力，保持、保护、保卫联邦宪法。"《美利坚合众国宪法》第二条第一款。

第八章　第二十五修正案

1. 据他们的一些顾问说，林登·约翰逊和理查德·尼克松在任职期间都经历过某种程度的情绪崩溃。关于林登·约翰逊可参见理查德·古德温（Richard Goodwin）杰出的著作 *Remembering America: A Voice from the Sixties*, rev. ed. (New York: Open Road Media, 2014) 中辛辣的讨论。

2. U. S. Constitution, amendment 25.

3. 宪法第二条这样规定："若总统被罢免、去世、辞职、失去行使总统职权的能力，应将总统职权移交给副总统；联邦议会应立法宣布，若总统和副总统都被罢免或去世、辞职、失去行事职权的能力，由联邦的哪位官员代理，直到他们恢复能力，或选出新总统为止。"这一条款的规定非常模糊不清，第二十五修正案在很大程度上解决了这一情况。

4. 美国参议院报告第 1282 期【Senate Report No. 1282, at 2-3 (1964)】引用了约翰·迪金森对于美国联邦宪法的质疑"'无力'一词的范围是什么，谁来评判?"；美国众议院报告第 203 期【Representatives Report No. 203, at 4-5 (1965)】也引用了这段话。

5. 对这一问题的概览可见 John D. Feerick, *The Twenty-Fifth Amendment: Its Complete History and Applications* (New York: Fordham University Press, 1992); John D. Feerick, "Presidential Succession and Inability: Before and After the Twenty- Fifth Amendment," 79 *Fordham Law Review* (2010), 907; Adam R. F. Gustafson, "Presidential Inability and Subjective Meaning," 27 *Yale Law & Policy Review* (2008), 459. Gustafson 极有价值的论文提供了非常有趣的建议，即第三节和第四节具有不同的含义。根据第三节，总统有无限的自由裁量权来宣布自己不能履行职责，而根据第四节，副总统和内阁只能在"总统身体机能严重受损，无法做出或传达一个合理的决定暂时自行卸任"的情况下采取行动 (Gustafson, 462)。如果从文中给出的理由来看，对第四节的解释似乎过于狭隘，对第三节的解释过于宽泛；但这是一个巧妙的论点。

我在这一章中的重点是第四节，讨论的是这一理论：如果总统

基于自己的意愿援引第二十五修正案第三节，没有人可以对他进行
事后批评。

6. Presidential Inability and Vacancies in the Office of Vice Presi-
dent: Hearings Before the Subcommittee on Constitutional Amendments of
the Committee on the Judiciary, Senate, Eighty-Eighth Congress, 91.

7. Ibid. , 3.

8. Ibid. , 3; see also Presidential Inability: Hearings Before the
Committee on the Judiciary, Eighty-Ninth Congress, 71 (statement of John
V. Lindsay, congressman from New York) .

9. Presidential Inability and Vacancies in the Office of the Vice Pres-
ident: Hearing before the Subcommittee on Constitutional Amendments of
the Committee on the Judiciary, Senate, Eighty-Ninth Congress, 20
(statement of Birch E. Bayh, Jr. , senator from Indiana) .

10. Presidential Inability and Vacancies in the Office of the Vice
President: Hearings Before the Subcommittee on Constitutional
Amendments of the Committee on the Judiciary, Senate, Eighty-Eighth
Congress, 119.

11. 111 Congressional Record (1965), 15381 (statement of Edward
M. Kennedy, senator from Massachusetts) .

12. 111 Congressional Record (1965), 7941 (statement of Richard
H. Poff, representative of Virginia) . 而本章注释 5 提到的 Gustafson
便以这种论点为基础提出，第二十五修正案第三节所授予总统宣布
自己"无力"的范围要大于第四节授予副总统和内阁的权力范围。

13. Presidential Inability: Hearings Before the Committee on the Judiciary, House of Representatives, 89th Congress, 240 (statement of Herbert Brownell).

14. John D. Feerick, *Twenty-Fifth Amendment*, 202.

第九章　美国人民应了解什么

1. U. S. Senate, Committee on Rules and Administration, "Rules of Procedure and Practice of the Senate When Sitting on Impeachment Trials," *Senate Manual*, prepared by Matthew McGowan, One Hundred and Tenth Congress (Washington, D. C.: GPO, 2008), Rule 125. 2.

2. Peter C. Hoffer and N. E. H. Hul, *Impeachment in America*, 1635-1805 (New Haven: Yale University Press, 1984), 106.

3. Moncure D. Conway, *Republican Superstitions as Illustrated in the Political History of America* (London: Henry S. King & Co., 1872), 47-48.

4. Hoffer and Hul, *Impeachment in America*, 106.

5. Nixon v. United States, 506 U. S. 224 (1993). 在这个案件中，法院裁定了一个具有高度技术性的问题，作为对弹劾程序的异议，这个问题是一个政治问题，因此"不具有可司法性"。法院还提出了一些宽泛的语言，表明整个弹劾过程中联邦法院都不能干涉。诚然，在一位总统因明显充分的理由而被弹劾和免职的情况下，我们不能完全排除司法干预的可能性。但别指望这种事会真的发生。

6. 这段谈话发生在 1984 年 6 月 25 日美国国家安全小组的一次

会议上，会议记录最终被公布于众。会议记录全文可见 http：//
nsarchive. gwu. edu/NSAEBB/NSAEBB210/2-NSPG% 20minutes% 206-
25-84%20（IC%2000463）. pdf。

7. François VI duc de la Rochefoucauld, *Réflexions ou Sentences et*
Maximes Morales, No. 218.

8. *Nixon v. Fitzgerald*, 457 U. S. 731（1982）

9. *Jones v. Clinton*, 520 U. S. 681（1997）.

第十章　坚守共和

1. Richard Henry Lee, "Funeral Oration on the Death of George
Washington"（speech, Mount Vernon, VA, December 26, 1799）.

2. Martin Luther King, Jr. , "MIA Mass Meeting at Holt Street
Baptist Church"（speech, Montgomery, AL, December 5, 1955）, in *The*
Papers of Martin Luther King, Jr. , vol. 3, ed. Clayborne Carson（Berke-
ley: University of California Press, 1997）, 73.

3. John Dewey, "Pragmatic America," in *The Essential Dewey*:
Pragmatism, Education, Democracy, vol. 1, eds. Larry A. Hickman and
Thomas M. Alexander（Bloomington: Indiana University Press,
1998）, 31.

4. 在这一点上，制宪者最后被证明犯了错，他们认为立法机关
是最危险的。

5. *Whitney v. California*, 274 U. S. 357, 375（1927）.

图书在版编目（CIP）数据

弹劾：如何罢免一位总统 / （美）凯斯·桑斯坦（Cass Sunstein）著；林微云译. —北京：中国民主法制出版社，2020.10
ISBN 978 - 7 - 5162 - 2207 - 2

Ⅰ.①弹… Ⅱ.①凯… ②林… Ⅲ.①弹劾-案例-美国 Ⅳ.①D971.21

中国版本图书馆 CIP 数据核字（2020）第 061618 号

Impeachment：A Citizen's Guide
Copyright© 2017，Cass Sunstein
All rights reserved
This translation published by arrangement with the Wylie Agency.
本书中文简体版经过版权所有人授权北京麦读文化有限责任公司，由中国民主法制出版社出版。
著作权合同登记号：01-2020-3058

图书出品人：刘海涛
出 版 统 筹：乔先彪
图 书 策 划：曾 健
责 任 编 辑：陈 曦 柳承旭
装 帧 设 计：组配の匠

书名/弹劾：如何罢免一位总统
作者/[美] 凯斯·桑斯坦（Cass Sunstein）
译者/林微云

出版·发行/中国民主法制出版社
地址/北京市丰台区右安门外玉林里 7 号（100069）
电话/（010）63055259（总编室） 63057714（发行部）
传真/（010）63056975 63056983
http：//www.npcpub.com
E-mail：mzfz@ npcpub.com
经销/新华书店
开本/32 开 880 毫米×1230 毫米
印张/5.5 字数/117 千字
版本/2020 年 10 月第 1 版 2020 年 10 月第 1 次印刷
印刷/三河市东方印刷有限公司

书号/ISBN 978-7-5162-2207-2
定价/49.00 元